信息化与高校教育教学改革的深度融合

张　鹏　著

中南大學出版社
www.csupress.com.cn
·长沙·

图书在版编目(CIP)数据

信息化与高校教育教学改革的深度融合 / 张鹏著.
长沙: 中南大学出版社, 2024. 11.
ISBN 978-7-5487-6081-8
Ⅰ. G642. 0-39
中国国家版本馆 CIP 数据核字第 20249N4D57 号

信息化与高校教育教学改革的深度融合

XINXIHUA YU GAOXIAO JIAOYU JIAOXUE GAIGE DE SHENDU RONGHE

张鹏 著

□出 版 人 林绵优
□责任编辑 陈应征
□责任印制 李月腾
□出版发行 中南大学出版社
社址: 长沙市麓山南路 邮编: 410083
发行科电话: 0731-88876770 传真: 0731-88710482
□印 装 河北万卷印刷有限公司

□开 本 710 mm×1000 mm 1/16 □印张 13.75 □字数 204 千字
□版 次 2024 年 11 月第 1 版 □印次 2024 年 11 月第 1 次印刷
□书 号 ISBN 978-7-5487-6081-8
□定 价 78.00 元

前　言

如今，随着智慧时代的到来和世界格局的变化，中国正稳步迈向世界舞台的中心。在此背景下，中国目睹了自身的高质量发展，越发靠近实现伟大的中国梦的目标，教育领域迎来了空前的挑战和变革。教育是社会发展的引领者，而且中国教育在全球舞台上扮演的角色日益重要，预示着引领世界教育发展的新趋势。面对新时代交织的挑战与机遇，教育技术的重塑显得尤为关键，教育事业需要紧跟时代步伐，主动适应日新月异的技术革命和教育需求。中国教育的转型，特别是教育技术的进步，将为学生提供更加丰富和多元的学习资源，帮助他们更好地适应未来社会。在新时代的教育技术应用中，创新将成为核心，其中涉及教学方法和内容的更新，以及对学习环境和评价体系的革新。随着科技的发展，人工智能、大数据、云计算等新兴技术将被广泛应用于教育领域，为传统教学提供强有力的支持，推动教育效率和质量提高，并在潜移默化中为学生提供个性化和自主化学习的机会。教育技术的重塑还意味着更加注重培养学生的创新能力和终身学习能力。在快速变化的世界中，不断学习新知识、新技能的能力变得十分重要。

在新时代的大背景下，教育技术学专业人士将在教育信息化的领域中扮演建设者、管理者、服务者、研究者、创新者、引领者等多种角色，并且应对信息技术发展的快速变化和挑战。信息技术的特点，如高速发展性、分蘖成长性、渗透生长性、行业颠覆性，为教育领域带来了革命性的影响。当今的教育信息化既是教育现代化的内生变量，也是其重要内涵和显著特征；既支撑和引领智慧时代的教育信息化，又促进了教育内容、教学手段和方法的现代化，创新了人才培养、科研组织和社会服务模式。为了实现新时代背景下的教育目标，高校教师应掌握最新的信息技术，将信息技术应用于教育领域，加强在线和远程教育平台的设计和管理，扩大虚拟现实和增强现实技术在教育中的应用，利用大数据和人工智能进行教育分析和个性化教学。不仅如此，随着教育信息化的深入发展，基础设施和信息资源的建设成为教育改革的支撑。应积极开发和维护丰富的数字教育资源，如电子书籍、在线课程和互动学习工具，以支持多元化和个性化的学习需求。

随着教育信息化的不断发展，高校教育教学工作者应持续学习新的技术并适应新趋势，不断加以创新，寻找新的方法和技术，以提高教育质量和效率。在推动教育信息化的时代发展与创新过程中，高校教育教学工作者不但是技术的使用者和推广者，而且是教育改革的先驱和领导者。只有他们坚持不懈地努力，现代教育的质量才能得到全面提升，为下一代打造一个更加智慧、高效、互动的学习环境。在促进教育内容、教学手段和方法现代化方面，高校教育教学工作者需要深入研究和实践新的教学理念，探索如何利用虚拟现实、增强现实等技术，为学生提供更加生动和互动的学习体验，极大地提升学生的学习兴趣和效果。在推动教育信息化时代发展与创新方面，高校教育教学工作者不仅要关注技术本身，还要关注技术如何服务教育的目标和愿景，同时要不断追求技术和教育实践的完美结合，通过技术创新来推动教育的全面进步。

本书在当今信息化社会背景下应运而生。本书全面探讨了信息化时代下高等教育的变革与创新，共分为八个章节，系统性地分析了教育信息化的理论基础、发展历程、实践整合以及教育教学模式的创新，为高等教育领域的专业人士提供了宝贵的指导和参考。第一章作为绪论，介绍了信息化教育的基本概念、内涵、特征、发展历程，以及教育教学信息化的基本要素和定义，为读者理解信息化教育的深远意义和历史背景奠定了基础。第二章深入探讨了现代化教育传媒、“知行创合一”及协同认知基础理论，并分析了信息化时代背景下的教与学。第三章着重教学模式与信息化教学模式的界定，对比了高校传统教学与信息化教育，并分析了构建信息化教育模式的关键要素，探索了高校信息化教学模式的创新途径。第四章讨论了信息技术条件支持下的高等教育教师专业发展，新时期教育信息化战略规划人才与培养，以及信息技术背景下的高等教育教师信息素养结构与提升策略。第五章概述了信息及信息资源的基本概念，详细讲述了教育信息化资源的基本概念、类型、特征，以及信息化教学资源的收集、整合、设计与开发，同时探讨了数字化学习资源在当代高校教育教学中的应用、整合与共享。第六章围绕数字化学习环境的概念展开，分析了高校现代化教育技术的硬件及软件环境，并探讨了数字化学习环境软件系统的开发。第七章总结了教育信息技术与高校课程整合的基本概念、基础形态，以及通过实际案例分析教育信息技术与高校课程整合的实践应用。第八章探讨了远程教育中的自主学习及学习支持、高校慕课教学模式及翻转课堂教学模式的改革实践。

本书是在笔者丰富的实践经验基础之上撰写而成的，具有一定的参考性与实用性。由于笔者自身的时间与精力有限，本书难免存在不足之处，敬请广大读者批评指正！

目 录

第一章　绪　论

第一节　信息化教育的基本概念、内涵及特征

一、信息化教育的基本概念

信息化教育作为20世纪90年代信息高速公路兴建时期提出的概念，是基于现代信息技术的一种教育形态。此教育形式的目标在于培养全面发展的人才，强调学识、智慧、情感、责任性和学习能力的综合发展。[①]信息化教育作为教育的一种特定表现形式，与传统教育模式存在显著差异，并针对特定的教育目标进行设计和实施。信息化教育的核心是将现代信息技术融入教育过程，使用网络、计算机、智能设备和软件工具来支持和助力教学和学习的过程。信息技术的应用不局限于教学工具的使用，而是更关注如何通过技术创新提高教育效果，如通过在线平台、虚拟现实等手段提供更加丰富和互动的学习体验。信息化教育促使教育模式发生转变，从传统的以教师为中心转向以学生为中心，强调学生的主动参与和个性化学习，倡导学生通过探索和互动来构建知识，而不是单纯依赖教师的单向传授。信息化教育的目标除了知识的传授，还包括能力的培养、情感的发展和责任感的培育。这一点在信息化教育的实践中尤为突出，如通过协作项目、在线讨论等方式培养学生的团队合作能力、批判性思维和创造性解决问题的能力。在信息化时代，学习不再是

① 王继新，左明章，郑旭东．信息化教育：理念、环境、资源与应用[M].武汉：华中师范大学出版社，2014.

一个有限的阶段，而是一个持续的过程。① 信息技术灵活地为人们提供学习工具和资源，使人们在任何时间、任何地点都可以进行学习和技能提升。信息化教育推动了教育资源的共享和开放，通过数字化的教育资源，如在线课程、电子图书馆、开放教育资源等，教育机会得以扩展到更广泛的群体，包括传统教育模式难以触及的人群。

二、信息化教育的内涵

信息化教育的核心是信息及信息技术在教育领域的应用，指技术工具的使用，并涉及信息技术如何改变教育和教学的本质，包括对教育内容的创新、教学方法的改进、学习资源的丰富以及教育评价体系的更新。信息化教育注重的是技术与教育实践的深度融合，旨在通过技术提升教育效率和质量。信息化教育的重点应放在教学领域的应用上，信息技术应被应用于教学过程、资源、评价等多个方面。② 例如，利用信息技术完成个性化学习路径的设计、互动式和协作式的教学模式的开发，以及利用大数据和人工智能进行学习过程的评估和反馈。信息化教育还涉及教育管理领域的变革，主要有学校管理系统的数字化、教育政策的数据驱动决策支持，以及教育资源的电子化管理。借助信息化手段可以提高教育管理的效率和透明度，促进教育公平和资源的合理分配。

信息化教育可以有效实现教育公平和提升教育的包容性。信息技术可以突破地理、经济和社会的限制，为边远地区和弱势群体提供高质量的教育资源和良好的教育机会。例如，远程教育和在线学习平台为不同地区、不同背景的学习者提供了平等的学习机会。信息化教育不仅是当前教育领域的一个重要议题，也是未来教育发展的趋势。③ 随着技术

① 尹新，杨平展．融合与创新：高校教育信息化探索与实践 [M]. 长沙：湖南科学技术出版社，2018.

② 王继新，左明章，郑旭东．信息化教育：理念、环境、资源与应用 [M]. 武汉：华中师范大学出版社，2014.

③ 和汇，等．信息化教育技术 [M]. 北京：科学出版社，2008.

的不断发展，信息化教育将在提高教育质量、促进教育创新、实现教育公平等方面发挥更加重要的作用。未来的教育将越发个性化、灵活和互动性强，信息化技术将在此过程中扮演关键角色。信息化教育的一个重要方向是支持和促进个性化学习。结合数据分析和学习算法，信息化技术能够根据学生的学习习惯、兴趣和能力，提供个性化的学习资源和路径，有助于提升学习效果，使学习更加符合每个学生的独特需求。信息化教育强调技术与教育融合的创新，指将现有的信息技术工具应用于教育，更重要的是开发新的技术，如虚拟现实、增强现实、人工智能等，来改变教学和学习的方式。有关技术的应用将使教育体验更加丰富和生动，提高学习者的参与度并加强其动机。信息化教育的最终目标是提升教育质量。通过信息化手段可以有效地监测和评估学习过程，及时调整教学策略，确保学习效果。

信息化教育需要持续的技术创新和教育实践的更新。这要求教育工作者不仅要熟悉最新的技术，还要能够将此类技术创造性地应用于教育。同时，学校和教育机构需要不断更新其教育理念和教学方法，以适应技术发展的快速变化。随着职业生涯的延长和知识更新的加速，终身学习成为必要。信息化教育支持终身学习的理念，信息化技术特别是在线学习平台和资源为人们提供了灵活、方便的学习方式，使人们在任何阶段都能继续学习和提升。

三、信息化教育的基本特征

（一）信息化教育的技术层面特征

信息化教育在技术层面体现为数字化、多媒体化、网络化和智能化的基本特征，如图 1-1 所示，直接源自数字技术的聚合效应，彻底改变了传统教育的形态和方法。从广义上来看，数字化主要指的是以计算机为基础的数字化技术。数字化使得教育技术系统的设备简单、性能可靠、标准统一。多媒体化指的是以计算机为基础的多媒体技术，使得信息媒体设备一体化、信息表征多元化。如今，数字化信息网络已经做到了“天网”与“地网”合一，网络化的优点是资源共享、时空不限、多向互动、便于合作。人工智能成了信息化教学系统的一项核心技术，智能化将会使系统实现教学行为人性化、人机通信自然化、繁杂任务代理化。

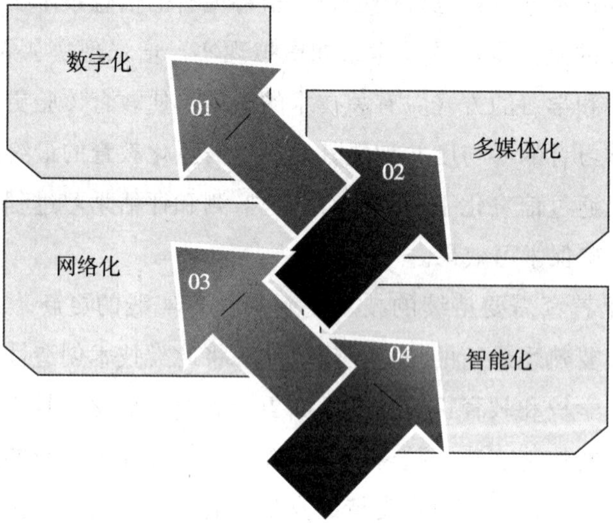

图 1-1　信息化教育的技术层面特征

（二）信息化教育的教育层面特征

1. 教材多媒体化

多媒体化教材利用超媒体技术，将教学内容变得更为结构化、动态化和形象化。它代表了信息化教育与传统教育方法的重要区别。多媒体化教材包含传统的文字和图形，融入声音、动画、录像以及模拟的三维场景，其丰富性大大提升了学习材料的吸引力和教育效果。超链接作为多媒体教材的一种无形连接，使得学习内容更加互动和连贯，帮助学生在不同的学习单元之间自如切换，提升了学习的灵活性并挖掘了学习深度。多媒体化教材被形象地称为“活书”，与传统的纸质书相比，更具互动性和生动性。[①]传统的教学材料往往是静态的、一维的，而多媒体化教材则是动态的、多维的，能够为学习者提供更加全面和立体的学习体验。[②]在信息化教育的背景下，“活书”不仅仅是知识的载体，更是互动和探索的工具。

多媒体化教材对信息化时代的教师和学生提出了新的挑战。教师需要掌握如何有效地设计和利用这些多媒体教材，并学习如何引导学生在新型学习材料中有效地学习。教师要有扎实的专业知识，具备信息技术的使用能力和创新的教学方法。对学生而言，多媒体化教材提供了更多自主学习的机会，同时要求学生具备更强的自我管理能力和主动学习的意愿。学生需要学会如何在丰富的信息和资源中筛选、整合和利用知识，同时培养自身的批判性思维和问题解决能力。多媒体化教材的应用是信息化教育内涵的一个重要方面，其改变了教材的形式，推动了教育理念和教学方法的变革。信息化教育通过多媒体化教材的应用，促进了学习方式的多样化，增强了教育的互动性和个性化，有助于培养学生的创新能力和综合素质。在此过程中，教师的角色也从知识的传递者转变为引导者和协助者，而学生则从被动的接受者转变为主动的参与者。

2. 资源全球化

在信息化教育的广阔海洋中，资源全球化犹如潮流，无法阻挡。互联网，这一时代的伟大发明，已将全球的教育资源编织成一个璀璨的网络，如同织就了一张无边的知识网，每个节点都闪耀着信息的光芒。[③]在这一网络中，教育资源形态多样化，从传统的文字、图像扩展到了动

① 贺天舒．高等教育信息化的改革与创新研究[M]．北京：中国商务出版社，2023.

② 姚玉清．现代教育信息化管理[M]．上海：同济大学出版社，2012.

③ 张贞云．教育信息化：新时期高等教育改革助推剂[M]．青岛：中国海洋大学出版社，2019.

态的视频、互动式的软件，甚至是虚拟现实中的沉浸式体验。然而，正如观测星空中的星辰需要星图来引导观测者，利用网络中的教育资源也急需一套统一的标准来指引学习者和教育工作者。当前，信息化教育面临的挑战之一便是缺乏标准。资源建设的标准化不仅是提高资源质量的关键，还是确保资源共享性和互动性的基石。信息化教育在资源全球化的潮流中正显现出其独特的魅力，这既是一种技术的进步，又是教育领域的一次深刻革命。信息化教育改变了人们获取知识的方式，将学习的边界推向了无限远的地平线。在此过程中，教育不再是一座孤岛，而成了连接世界各地的桥梁。学习者借助此座桥梁，可以触摸到世界各地的智慧，体验不同文化的魅力。

3. 教学个性化

借助人工智能技术，智能导师系统的构建不再是遥不可及的梦想。智能导师系统成了现实中的实用工具，能够细致地捕捉到每位学生的独特个性和需求，并据此调整教学方法和内容，实现真正意义上的个性化教学。① 此个性化的教学方法，重点在于对学生个性的精确测定，尤其是认知方式的检测。这是技术上的挑战，也是教育研究领域的一项重要课题。智能导师系统通过对学生认知方式的深入理解和分析，能够提供更加符合每个学生学习习惯和能力的教学内容，从而提高学习效率和质量。② 在信息化教育的浪潮中，教学个性化成了一种趋势，其突破了传统教学模式的限制，使教育更加人性化和高效化。学生不再是被动的知识接收者，而是主动的学习参与者，他们的个性和需求成为教学设计的核心。智能导师系统的应用，不仅提升了教育质量，也为学生的全面发展提供了更多可能。简言之，信息化教育通过智能化手段实现教学个性

① 殷旭彪．当代教育信息化理论与实践研究[M]. 北京：中国书籍出版社，2018.

② 郭云．信息化背景下高校教育模式之创新研究[M]. 北京：中国原子能出版社，2022.

化，是对教育本质的深刻理解和创新。它标志着教育方法从“一刀切”向“因材施教”转变，为每位学生的独特发展提供了更加精准和有效的支持。

4. 学习自主化

随着以学生为主体的教育理念逐渐深入人心，信息技术在支持自主学习方面的作用变得日益显著。实际上，电子教材，尤其是超文本和超媒体等形式，已经极大地促进了自主学习的实现。在信息化教育的背景下，超文本和超媒体等电子教材的应用提供了丰富的学习资源，并通过互动和链接的方式增强了学习的灵活性和探索性。学生可以根据自己的兴趣和学习进度，自主选择学习路径和内容。这样能极大地提高学习的主动性和效率。自主化学习的趋势是信息技术与教育理念相结合的产物，充分反映了现代教育的发展方向，也显示了信息化时代教育方式的进步。在此种模式下，学生被赋予了更多的选择权和自由度，他们可以在广阔的知识海洋中自由航行，探索自己的学习之路。

5. 任务合作化

信息化教育的发展方向之一是促进任务合作化，这在国际教育领域已成为一种显著趋势。信息技术在该领域的应用极为广泛，为合作式学习提供了多样的形式和平台。例如，学生可以通过网络平台进行合作学习。网上合作有效突破了空间和时间的限制，并增加了交流的便捷性和实时性。团队作业和小组讨论等活动常在计算机的辅助下进行，其中计算机不仅是信息处理的工具，而且成为促进合作和沟通的桥梁。信息化教育中的任务合作化除了学生间的直接合作，还包括与计算机的交互合作。在任务合作化模式下，计算机或智能系统扮演着学生伙伴的角色，通过模拟对话、反馈和指导等方式参与学习过程，有效增强了学习的互动性，并且提升了学生学习的趣味性和有效性。

6. 管理自动化

信息化教育在管理层面上显现出自动化的趋势，尤其体现在计算机管理教学的应用中。该技术的应用涵盖了计算机化测试与评分、学习问题诊断以及学习任务的分配等多个方面。随着技术的发展，当前的趋势正朝着在网络上建立电子学习档案的方向发展，包含学生的电子作品，以及学习评价信息等关键数据。电子学习档案的使用为教学评价的改革提供了强有力的支持，使教育管理者能够更加方便地追踪和分析学生的学习过程，从而进行面向学习过程的评价。此评价方式并非单纯关注学生的最终成果，而是更加重视学生学习过程中的表现、进步和问题。在信息化教育背景下，管理自动化的推进有助于提高教育管理的效率和质量。利用计算机和网络技术，教育管理从繁杂的文档处理和数据录入工作中解放出来，转而更多地关注教学内容的优化和学生学习效果的提升。

7. 环境虚拟化

信息化教育的一大发展趋势是环境虚拟化。教育和教学活动可以在很大程度上脱离传统的物理空间和时间限制，创造出一个无界限的学习世界。网络化教育的兴起为环境虚拟化提供了技术基础和实践平台。目前，虚拟化的教育环境涵盖了虚拟教室、虚拟实验室、虚拟校园等多种形式，创新的虚拟化环境正在逐渐成为虚拟教育的重要组成部分。虚拟教育的实施可以分为校内模式和校外模式。校内模式主要通过局域网来开展，将网络技术应用于传统的教育环境中，为学生提供了更具灵活性和更加丰富的学习资源。而校外模式则是基于广域网的远程教育，它打破了地理界限，使得学生即使身处偏远地区也能接受优质的教育，提高了教育资源的利用效率，使得教育更具包容性和平等性。在众多建立了校园网的学校中，如果能够充分利用网络的虚拟教育功能，就能实现虚拟教育与实际教育的有机结合，使校内教育与校外教育相互贯通，优化教育资源的配置，为学生提供更加个性化和灵活的学习路径。学生可以根据自己的需求和兴趣，选择最适合的学习方式和内容，从而实现自我发展和成长。环境虚拟化为信息化教育打开了新的空间，扩展了教育的边界，丰富了教育的内涵。在虚拟的学习空间中，学生可以自由探索，教师可以创新教学，共同构建一个多元化、互动性强、高效率的教育环境。信息化学校的发展方向在于如何有效地整合虚拟教育和实际教育，以及如何平衡校内和校外教育，以创造出最优的学习环境和体验。

四、信息化教育的本质特征

（一）作为操作系统的特征

信息化教育，作为一种操作系统，其本质在于将技术的应用与教育实践相结合，从而创造出一个既包含硬技术又融入软技术的综合教育体系。技术，从广义而言，是指人类在改造自然、社会和自身过程中应用的所有规则、方法和工具的总和。[①] 在信息化教育的范畴内，信息化技术的应用不仅仅局限于操作性的工具和方法，而是应更深入地融合社会人文元素。[②] 在信息化教育中，硬技术和软技术的结合是其核心特征之一。硬技术，如计算机、网络设备及各类教学软件，构成了信息化教育的物理基础。多种技术工具作为系统输入，转化为教育过程中的物化技术制品，如电子教材、虚拟实验室等。软技术则关注社会人文要素的操作，其成果更倾向于概念性和行为性的制品，如教学方法的创新、学习理论的应用等软技术成果，在教育过程中发挥着至关重要的作用，影响着教育的效果和质量。信息化教育的一大特色是硬技术系统和软技术系统之间的交互作用。软技术需要一定的硬技术作为支撑，而硬技术的过

① 卢保娣．大数据时代高校教育管理及其信息化建设[M]．长春：吉林大学出版社，2021．

② 张德时．地方高校教育信息化建设与应用创新[M]．南京：东南大学出版社，2011．

程和制品中也大多隐含着软技术的内容。例如，在使用计算机和网络进行教学时，需要硬件和软件这些硬技术支持，以及教育理论和方法等软技术的辅助。其双向的互动使得教育技术更加丰富和有效，推动了教育模式的创新和发展。从操作系统的角度出发，信息化教育的本质在于通过特定的技术过程，以设计为核心活动，产生目标导向的过程。

（二）作为实践领域应用学科的特征

信息化教育作为一门实践领域的应用学科，涵盖了广泛的教育技术。教育技术根据行为主体的不同，可以细分为面向专业工作者、职业工作者及学习者的不同类别。每种类型的教育技术都有其独特的实践领域和行为特征，在信息化教育中发挥着关键作用。面向专业工作者的教育技术，代表着教育技术专家的实践领域。[①] 此类技术的核心是“他用设计”，即设计者为他人（如职业工作者和学习者）创造技术性资源。在信息化教育的背景下，这意味着需要开发和设计先进的教育工具、平台和资源，以便其他教育参与者可以有效地使用。此类技术的设计和应用要考虑技术的先进性，还要考虑其在教育实践中的适用性和有效性。面向职业工作者的教育技术则转变为绩效技术，其结合了“他用设计”和“与用设计”的特点。此种教育技术的实践意义在于，职业工作者利用现有的技术资源进行设计，同时常与专家或同事协作，以提高工作绩效。教师，作为一类特殊的职业工作者，利用此类技术来提升教学绩效，是信息化教育的典型应用之一。而面向学习者的教育技术则强调在特定的学习环境中，根据学习者的内部认知操作来设计和应用技术。信息化教育主要为学习者提供个性化和自适应的学习资源和工具，支持学习者根据自己的学习风格和需要进行有效学习。信息化教育中的各种教育技术展示了教育实践的多样性和复杂性。从专业工作者的资源创造到职业工作者的绩效提升，再到学习者的个性化学习，各种教育技术共同

① 张连城．高校教育信息化建设与应用[M]．北京：知识产权出版社，2012．

构成了信息化教育的实践领域，提高了教育的质量和效率，为教育带来了新的发展机遇。

五、信息化教育的新时代特征

（一）“人人、处处、时时”的教育理念

近年来，信息化教育在中国飞速发展，全国各省市充分运用信息网络技术，拓展了学习者的学习渠道，丰富了平台学习资源，并提供了及时的个性化学习支持服务。随着终身学习理念深入人心，人们不断寻求更便捷的学习方式，期望随时随地都能接触到学习资源。为了满足这一需求，全国各地已经建立了数字化学习平台。数字化学习平台以学习者的综合发展为核心，以开放式、智能化和超便利为发展方向，采用远程、开放、自主的学习形式，构建了一个融合门户网站以及线上线下学习支持服务的教育网络。该网络不仅是一个学习的平台，还是一个全民学习、终身教育的数字化学习平台，提供了适时、有效、灵活、多样的泛在学习服务和管理支持服务，满足了不同学习者的多元化需求。据相关部门统计，我国省级社区教育网站已经基本实现了全覆盖；市县级及社区教育网站在数量增长的同时，更多依托所属省级社区教育网站。这形成了一个“省级—市级—县级”的网站群。层级化、网络化的数字化学习平台布局有效地将学习资源下沉到社区和基层，使得更多的人能够享受到便捷、高质量的教育服务。

信息化教育的一个重要表现形式是在线教育的迅速发展。自 20 世纪末电子学习（e-learning）的概念在全球范围内兴起以来，在线教育已成为现代教育体系中不可或缺的一部分。此新型的教育模式通过网络平台连接教师和学员，使得无论距离多远，教学活动都能顺畅进行。在线教育的核心优势在于其突破了传统教育时间和空间的限制，为学员提供了极大的灵活性和便利性。在线教育尤其适合一些工作繁忙、没有固

定学习时间的在职人员。学员可以通过网络课件，根据自己的时间安排灵活学习，不受传统教室学习模式的约束。灵活的学习方式提高了学习效率，拓宽了教育资源的可及性。学员可以根据个人兴趣和职业需求选择适合自己的课程，实现自我成长和职业发展。近年来，中国的在线教育得到了迅猛发展，形式多样的在线教育平台应运而生。有关平台提供了丰富的课程和学习资源，从语言学习到职业技能培训，从学历教育到兴趣爱好，几乎涵盖了各个领域。

（二）“开放、共享、包容”的教育生态

信息化教育的核心理念在于为学习者提供“人人、处处、时时”的学习支持服务，体现了对学习者主体地位的重视，以及对其积极性、主动性和创造性的激发。信息化教育模式通过信息技术与终身学习的深度融合，推动了学习环境、学习资源和学习方式的根本变革。在这一过程中，开放性、共享性和包容性成为信息化教育的关键特征。开放性是信息化教育的首要特点，是指学习环境和资源必须对所有人开放。无论是学习平台还是学习资源，都应向公众开放，使得每个人都有机会接触和利用有关资源，无论他们的地理位置、背景或是能力如何。其开放性打破了传统教育的时空限制，为不同背景的学习者提供了平等的学习机会。共享性则是信息化教育的另一核心特征。在此模式下，学习资源和平台对用户开放，还鼓励用户之间资源共享。共享不仅限于内容，还包括经验、观点和学习方法等。如此，学习资源的价值得以最大化，同时促进了学习者之间的交流和互动，提高了学习效率和质量。包容性则是信息化教育的必然选择，体现了教育的基本生态和互联网的基本精神。在信息化教育中，不同的学习平台和资源应该互相融合、互相补充，形成一个完整的、多元化的学习生态系统。包容性指技术层面的兼容性，更涵盖了对不同学习需求和背景的包容。通过此种包容性，信息化教育能够满足更广泛的学习需求，提供更友好的学习体验。信息化教育的开

放性、共享性和包容性不仅是其内在要求，也是其发展的趋势。无论是政府推进的项目，还是商业化运营的平台，有关特征都将越来越凸显。随着技术的发展和教育理念的更新，信息化教育将继续向更开放、更共享、更包容的方向发展，为学习者提供更丰富、更有效、更个性化的学习资源和服务。

信息化教育在中国的快速发展，在各地教育网站的开放与共享方面表现得尤为突出。教育网站的核心特征在于对广大公民的全面开放，无论其地域、职业、年龄，都提供了海量的课程资源、丰富的学习活动和项目。无界限的开放性吸引了众多居民和企事业单位员工的积极参与，从而极大地丰富了公众的学习资源和途径。在信息化教育的框架下，平台的开放不仅局限于内容的提供，还包括提供必要的公共接口，使得已有设备及软件系统能够集成、嵌入教育网络平台，对现有课程资源进行改造、整合后装入平台资源库。此外，教育平台还开通了移动学习等多终端的学习途径，极大地满足了学习者的多种需求。技术上的创新和拓展提高了学习的便捷性，丰富了学习方式和体验。近年来，全国各地都在积极探索平台互通、资源共享的技术途径与方法。这是技术上的挑战，也是一种对教育理念的实践。通过加大研发，创建具有良好体验的学习平台，教育部门和机构正在努力实现平台功能的拓展和资源效能的提升，使得学习资源更加丰富和高效，为创建“易学、乐学、享学”的学习氛围做出贡献。

第二节 教育教学信息化的基本要素

一、教育教学信息化的理念和理论要素

信息化教育的核心理念和理论要素在于运用创新的信息技术来变革传统教育，构建新型的学习理念和理论。教育教学信息化理念关注技术

本身的创新，侧重如何将这些技术应用于教育实践中，从而引领新时代教育的现代化进程。信息化教育强调的是通过信息技术的支撑和应用，发展出能够有效指导现代教育实践的新理念和新理论，确保教育变革能够紧跟时代的步伐，满足当代社会和学习者的需求。①

在信息化教育的发展过程中，理念和理论的重要性日益凸显。在信息化教育的初级阶段，即起步和应用阶段，很容易忽视理念和理论的作用。然而，随着信息化教育发展进入融合和创新的高级阶段，理念和理论便成了其发展的灵魂和核心。我国的信息化教育已经达到了急需理论指导的融合和创新阶段，此时如果缺乏先进的理念和理论支撑，则无法有效引领新时代的教育现代化，也无法构建与时代相匹配并引领时代发展的教育现代化体系。在信息化教育的高级阶段，先进的理念和理论指导着技术的应用和教育实践的改进，更指引着教育发展的方向和目标。有关理念和理论需要与时俱进，反映信息技术的最新发展趋势，也要符合当代教育的目标和价值观。只有这样，信息化教育才能在创新的道路上稳步前行，真正实现教育的现代化和未来化。

在中国，信息化教育的发展虽取得了巨大成就，但在与“互联网 +”的融合发展过程中相较于其他行业略显滞后，其中一个关键原因是缺乏理论创新。在任何创新事业的发展过程中，如果没有相匹配的创新理论指导，其可持续发展就会受到影响。因此，加速信息化教育理念和理论的创新，构建具有中国特色的信息化教育理论体系，已成为当前迫切需要解决的问题，且意义重大。创新理论的重要性在于它们不仅提供了发展的方向和目标，还为实践操作提供了指导。缺乏理论指导的信息化教育可能会在实践中迷失方向，无法有效利用互联网等新兴技术的优势，也难以充分适应社会和教育发展的新需求。为此，需要加速研究和发展与信息技术结合的新型教育理论，使其能够指导信息化教育更好地服务于学生的学习需求，推动教育方式的创新和转型。

---

① 李良树 . 信息技术与信息化教学 [M]. 武汉：武汉大学出版社，2003.

信息化教育在当今智慧时代下的发展面临着重大的挑战和转型需求。传统教育体系多建立在前几次工业革命的基础之上，而在当前智能革命时期，原有的教育理论、学习理论、认知理论、思维理论等已不完全适应新时代的要求。此种背景下，教育的基本问题——教什么、谁来教、如何教以及学什么、向谁学和如何学，都需要进行时代化的重新诠释，其变革无疑需要信息化教育的理念和理论的支持与引领。在信息化教育的推动下，教育体系的转型必须围绕着创新和引领性的理念与理论进行。传统的教育模式，如教师主导的课堂教学、以考试为中心的评价体系等，需要重新评估并创新。信息化教育为此种转型提供了技术支持和理论基础，使教育更加注重学生的个性化需求，注重批判性思维和创造性能力的培养。未来数年将是我国信息化教育理念创新和理论突破的关键时期。这一时期，教育体系需要积极探索如何更好地利用信息技术，促进学习方式的创新和学习效率的提升。同时，教育理论的创新是关键，需要形成一套符合智慧时代特征的教育模式，包括对学习者个性的充分尊重以及对技术潜力的充分挖掘。在这一转型过程中，教育信息化不仅提供技术层面的支撑，还提供理念和方法层面的引领。这要求教育工作者、政策制定者、技术开发者以及所有教育利益相关方共同努力，探索和构建适应新时代要求的教育模式，包括发展适应智慧时代的教学内容、教学方法和评价方式，以及建立一个更加开放、互动和包容的学习环境。

在当今全球化和信息化的时代，中国的教育发展正面临着前所未有的机遇和挑战。中国人应该具有文化自信，主要源于中华民族悠久且未曾中断的灿烂文化，以及加速创新先进教育文化的迫切需求。信息化教育的创新是技术层面的突破，更是教育理念与文化的革新。通过创新的教育理念和理论发展教育文化，可以用创新的教育文化引领世界教育文化的发展。当前，正处于文化创新的最佳历史机遇期，中国在信息化创新教育文化方面具有天时、地利、人和的优势，体现在技术进步和资源积累上，以及对教育文化创新的深刻认识和积极探索上。人们必须具备机遇意识和担当意识，通过不懈的努力创新教育文化，同时为中国文化的宝库增添新的光彩，增强我国的教育文化软实力。

二、教育教学信息化的人才队伍要素

在信息化教育的时代背景下，人才资源被视为最宝贵的资源，人才竞争成为竞争的最高形态。特别是在与日新月异的信息技术紧密结合的教育领域中，培养具备信息意识、信息素养、信息应用能力、信息创新创造能力和引领技术变革教育能力的教育人才和专门化队伍显得尤为重要。[①] 信息意识是指对信息和信息技术重要性的认识和理解，是信息化时代教育人才的基本素质。信息素养则涉及对信息的获取、分析和利用的能力，是教育人才在信息化环境下必备的能力。信息应用能力强调在教学和管理等实际工作中有效利用信息技术的能力，包括运用现代技术手段进行教学设计、课程开发和学习资源的整合等的能力。[②] 更进一步，信息创新创造能力要求教育人才不仅能够应用现有的信息技术，还能在实践中创新和开发新的信息技术应用方式。而引领技术变革教育能力则是教育人才在信息化时代的高级要求，需要他们不仅跟随技术发展，还要能够引领和推动教育领域的技术创新和应用。

在信息化教育的背景下，人才的定义和需求已经发生了显著变化，教育信息化人才可以被划分为广义和狭义两个层面。狭义上的教育信息化人才，特指一些直接参与教育信息化建设、管理和服务的专业人员，包括但不限于电化教育馆的工作人员、教育主管部门信息管理中心的员工，以及各级各类学校现代教育技术中心和网络中心的专业人员等。此类人才的专业性和技术能力是支撑教育信息化基础设施和服务运行的关

① 汪应，陈光海，韩晋川．高校教师信息化教学能力构成研究 [M]. 重庆：重庆大学出版社，2018.

② 郝伟．大数据时代下信息化教学的实践与应用 [M]. 北京：北京工业大学出版社，2019.

键。然而，在广义的层面上，教育信息化人才的范畴被大大扩展，实际上包括了所有参与现代化教学、教育管理和学习的教师、学生、教育管理者。这一广义定义的背后，是信息技术在教育领域无所不在和无人不用的现实。在当今时代，几乎每个人都需要掌握一定的信息技术，以适应日益数字化的学习和教育环境。教师需要利用信息技术来设计和传递课程内容，学生需要通过信息技术来获取信息和知识，教育管理者则需借助信息技术来提高管理效率和教育质量。教育信息化人才队伍的构建，需要兼顾广义和狭义层面的人才培养。对于专业人员而言，他们需要具备更高层次的技术技能和专业知识，以便有效地优化教育信息化的基础设施和服务。

随着信息化教育的迅速发展和深入应用，对教育信息化人才的要求也在不断提高。过去，教育信息化主要侧重培养应用型人才，即能够熟练使用信息技术进行日常教育活动的人员。然而，当前的教育信息化更加重视造就创新引领型人才。此类人才要具备技术应用的能力，更重要的是，要有引领技术变革的教育担当，成为技术变革教育的领军人才。引领型人才的培养范围涵盖了教育信息化的各个方面，其中包括以下几种人才：教育信息化建设引领型人才——他们专注于构建和优化教育信息化的基础设施和框架；管理引领型人才——他们能够高效地管理和运用教育信息化资源；服务引领型人才——他们专注于提供优质的教育信息化服务。此外，引领型人才还包括技术开发引领型人才、资源开发引领型人才和平台开发引领型人才，他们分别致力信息化技术的开发、教育资源的创新利用以及教育平台的构建和优化。在信息化教育的新时代背景下，不同类型的引领型人才共同构成了教育信息化的核心力量。他们的培养和发展关乎技术的应用和管理，以及整个教育体系的创新和进步。

三、教育教学信息化的政策标准要素

信息化教育体系的庞大和复杂性，使得其成为一项涉及教育各个方

面的系统工程。随着信息技术的快速发展，信息化教育对传统教育体系产生了深远的变革性影响。因此，确保信息化教育发展方向正确的重要保障之一，就是制定和完善相应的政策和标准。信息化教育的健全的政策法规是构建良好教育生态环境的基础。有关政策和法规应当涵盖信息技术在教育领域的应用、教育资源的开放共享、数据安全和隐私保护，以及教育平等和公平等多个方面。如此，才能确保信息化教育的科学发展，以满足不同学习者的需求，同时保障其在教育公平和教育质量方面的正向作用。不断提升信息化教育的治理水平也是其健康发展的必然要求，包括对信息化教育过程中的各种资源、技术和应用的有效管理，确保信息化教育的各个方面都能够协调发展，避免资源浪费和出现管理盲区。科学的治理可以保证信息化教育在为学习者提供便利的同时，维护教育的整体质量和公正性。

信息化教育的核心在于利用现代信息技术来革新和优化教育过程。随着新技术的不断涌现和快速发展，特别是伴随技术的综合和融合趋势，信息化教育正深入渗透教育的各个层面。此发展趋势对信息化教育的政策和标准提出了新的要求，要求有关政策和标准能够与时俱进，更加注重智慧、智能和融通，展现前卫性和导向创新性。有关政策和标准的目标是支撑新的教育形态和业态的发展，并包括对大平台、大教育、终身学习、深度融合以及创新创造等方面的考虑。在信息技术快速发展的背景下，制定新的信息化教育政策和标准面临着诸多挑战。制定者需要具备深邃的智慧、战略思维和前瞻性，以确保政策和标准能够全面覆盖并有效应对技术发展带来的变化和挑战。这涉及技术本身的应用和管理，以及如何利用技术推动教育模式的创新和发展。加强对新技术支持的信息化教育标准的研究是提高我国在国际教育领域的话语权和规则制定权的关键，也是引导教育领域新模式、新形态和新业态发展的重要手段。

四、教育教学信息化的网络与平台要素

信息化教育的发展离不开信息网络的支撑，是实现教育信息化的物质基础和先决条件。先进的网络基础设施不仅是教育信息化发展的基石，也是“互联网 + 教育”的条件保障。在当前的教育环境中，网络基础设施的建设和优化是推动教育信息化向更高层次发展的关键。基于网络的平台建设已成为教育信息化的重要支撑。信息平台通过网络提供服务，涵盖了课程资源、在线教学、互动交流、评估反馈等多个方面。随着技术的发展，此类平台越来越具有智能化和个性化的特点，能够更好地满足不同教育参与者的需求。在信息化教育中，信息平台的建设和运用大大提高了教学效率和质量，拓展了教育的边界。

信息化教育在不同层级的教育平台上呈现出多样性和持续的发展态势，无论是教室层面的“小平台”、校园层面的“中平台”还是社会层面的“大平台”，都在与时俱进，实现了技术和功能的升级（图 1-2）。

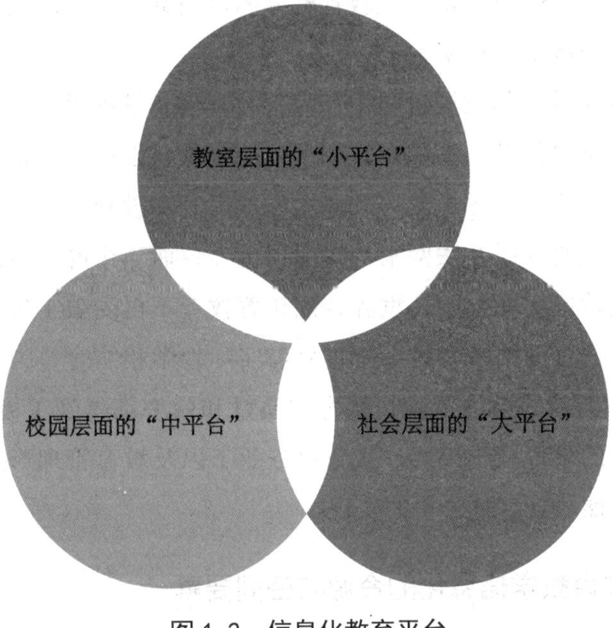

图 1-2　信息化教育平台

在教室层面的“小平台”上，技术的发展经历了从多媒体教室、计算机辅助教学（CAI）教室、网络教室、多媒体网络录播教室到未来教室的变化。现在，此类平台正在向智能教室和智慧教室发展，甚至包括专注于研创的智慧研创室。它们通过整合信息技术，如人工智能、大数据、物联网等，提高了教学互动性和个性化学习的可能性，从而为学生创造更多样化、更有效的学习环境。校园层面的“中平台”，从最初的校园网发展到数字校园，现在正朝着智能校园和智慧校园的方向前进。中型平台提供了网络基础设施，通过集成各种教育资源和工具，提升了校园管理的效率和质量。智能校园和智慧校园借助先进的信息技术，如云计算和数据分析，实现了校园内部管理和教学资源共享的高度集成与智能化。社会层面的“大平台”，经历了从城域网到教育资源公共服务平台和教育管理公共服务平台的演变。目前，大型平台正在向构建国家教育资源公共服务体系、构建一体化的“互联网＋教育”大平台的方向发展。大型平台的目标是实现教育资源的全面共享，支持教育信息化从融合应用向创新发展转变。

在信息化教育的发展过程中，完善教育信息基础设施和公共服务平台成了一项重要任务。基础设施和平台的完善与发展，支持网络环境下的开放学习模式，促进了教育领域的质量提升和教育公平的实现。早期的信息网络主要依托互联网来构建虚拟世界，而当今的信息网络和平台已经能够支持虚实融合的新世界，意味着教育不再受限于传统的教室和书本，而是通过网络平台将虚拟世界与实际教学相结合，为学习者提供更加丰富和互动的学习体验，教育的质量和效率都得到了极大的提升。同时，新型的教育教学模式、教育服务业态以及教育管理形态的出现和完善，正在推动着教育公平的实现。

五、教育教学信息化的资源与空间要素

在新时代的信息化教育中，无论是数字学习、多媒体学习、网络

学习还是移动学习，其核心共同点是基于数字资源的学习。教育和学习资源成为支撑教育信息化和教育变革的基础保障。它们丰富了学习的内容和形式，拓宽了学习的边界。基于资源的学习往往发生在虚拟世界或虚实融合的环境中，要求构建合适的学习空间来保障和促进有效学习。这样的学习空间需要包含创新和系统化的数字化资源，并建设一个优化的网络学习环境，使其有利于学习、评价、管理和发展，从而使学习者能够获得更加丰富、灵活和个性化的学习体验。资源与空间要素的融合不仅是信息化教育的技术实现，还是一种教育模式的创新。信息化教育提供多样化的学习资源和优化的学习环境，能够促进学习方式的转变，如从被动接受知识到主动探索知识，从单一的书本学习到多元的互动学习，提高了学习的效率和质量，有助于促进终身教育的发展和教育公平水平的提升。在信息化教育的背景下，学习资源的丰富性和学习空间的优化，为学习者提供了更多的选择和可能性。学习者可以根据自己的兴趣和需求选择合适的学习资源，利用优化的学习空间进行高效的学习。这样有利于个人的知识水平和技能提升，推动人的创新发展和全面发展。

在中国信息化教育的资源建设中，存在着“冗缺共存”和“旱涝并存”的问题。这表明，一些学习内容的对应资源存在重复建设的现象，导致资源的浪费，而另一些学习内容的资源建设则相对滞后，迫切需要更多的支持和投入。面对此种现状，采用科学的规划和顶层设计的方法来进行体系化的资源建设显得非常必要。通过科学规划和顶层设计，可以有效平衡和优化资源分配，确保资源的合理利用。体系化资源建设有助于减少资源的重复建设，还能确保那些资源匮乏的学习内容得到适当的补充和发展，从而促进教育资源的均衡发展和高效利用。

六、教育教学信息化的应用与活动要素

中国高度重视信息技术在教育领域的应用，采取了“应用驱动”的

信息化教育方针。其核心在于推动信息技术在教育中的广泛应用和深入整合。目前，信息化教育正在朝着“班班用资源、校校用平台、人人用空间”的发展方向努力。意味着每个班级都将获得丰富的教育资源，每所学校都将利用教育平台，而个体都能在优化的学习空间中进行学习。[①] 在此背景下，信息技术将在创新教育新模式、新形态和新业态等方面发挥更加重要的作用。通过信息技术的应用，可以实现教育资源的高效共享和利用，推动个性化和差异化教学的实现，同时为教育管理和服务带来革新。[②]

在信息化教育的发展过程中，计算机技术、网络技术、多媒体技术等已经为人类创造了一个崭新的虚拟世界。而物联网技术、3D 打印技术等的综合应用，更是使得虚拟世界与现实世界的融合成为可能。先进技术发展推动了教育活动的创新，特别是在教育信息化领域，从应用融合走向创新发展成了必然选择。信息技术支持的教育活动不再局限于教育信息化的技术层面，而是上升到了教育信息化的要素层面，成为推动教育变革和创新的关键力量。中国在教育信息化方面的实践，如“一师一优课、一课一名师”活动以及“中国梦—行动有我”系列活动，都是教育信息化活动的成功典范。此类活动基于共享理念设计，利用“人人面前有麦克风”和“人人都有摄像机”的条件，促进了教师之间的竞争和合作。几百万教师竞相贡献并共享自己开发的具有独特创意的优质资源，展现了典型的“互联网 +”力量。以信息技术为基础的教育活动，改变了传统的教学模式，促进了教育资源的共享和教学质量的提升。通过信息技术的应用，教师和学生可以更加方便地获取和分享教育资源，拓宽教育的边界。

在信息化教育的实践中，需谨慎避免以下几种倾向以确保其健康发展：①必须避免技术中心主义。信息化教育的核心应始终以人为本，信

① 李豫颖．信息技术教学论 [M]. 厦门：厦门大学出版社，2008.

② 王旭卿．信息技术教育应用技能 [M]. 上海：上海教育出版社，2011.

息技术的引入和应用应服务于教育目标和提升学习体验，而不是仅仅为了展示技术本身。②应避免将信息技术应用于教育的行为变成一种为了使用技术而使用技术的行为。信息化教育应着重于创新引领，利用技术推动教育模式的改革和教学方法的创新，而非单纯地追求技术的应用。③要防止将传统的教育活动简单地转移到数字平台上。信息化教育的目标在于通过技术的融合创造新的教学方式和学习体验，而不是仅仅复制传统的教育形式。④避免唯“商”、唯“硬”、唯“新”和唯“量”的思维模式。信息化教育不应过度依赖商业化的解决方案、最新的硬件设备或仅追求技术的新颖性和数量。

新时代的信息化教育应用与活动需要着重在多个方面取得成效，包括“三效”“五发”“三建”。“三效”，即效益、效率和效果。信息化教育的应用应当追求教育资源的最优利用，提高教育的经济效益，提高教育工作的效率，同时确保教育取得良好的实际效果。“五发”，即促进人的全面发展、创新发展、可持续发展、健康发展和主动发展。信息化教育不仅要关注学习者的学术成绩，还要注重培养学生的创新能力、可持续发展意识、身心健康，以及培养他们成为能够自主学习和发展的人才。“三建”，即支持建构与时代相匹配的教育模式、治理形态和服务业态。信息化教育需要不断调整和改进教育模式，以适应不断变化的时代需求。同时，教育治理形态也需要相应的创新，以更好地管理和推动信息化教育的发展。

七、教育教学信息化的信息与网络安全要素

信息化教育的发展在当今社会已经成为不可或缺的一部分，而信息与网络安全要素也是其发展过程中必须高度关注的问题。信息空间和网络空间已成为现代人不可或缺的新型空间，教育与学习的资源大多数是信息资源，因此教育网络安全的重要性不可忽视。教育信息化已经深刻改变了教育与学习的方式。现代教育已经融入了信息化元素，学生

可以通过网络获取大量的学习资源，教师可以借助信息技术更好地进行教学，但随之而来的是信息和网络安全的威胁。[①] 教育网络安全出现问题，不仅会影响教育教学的正常进行，还可能导致严重的社会公共安全问题。信息与网络安全是教育安全的一部分，也是国家安全的一部分。国家十分重视信息与网络安全，并采取一系列措施来保护网络空间的安全，包括建立网络安全和信息化统筹协调的领导体制，以确保国家的信息和网络安全。安全的最低要求是不出问题，保障正常运行。更高层次的安全要求是确保信息的先进、绿色、正能量，能够催人奋进，激发人拼搏努力，走向创新引领。

第三节　教育教学信息化的定义

一、教育教学信息化的界定

教育教学信息化被定义为在教育过程中全面运用现代信息技术，包括计算机、多媒体和网络通信等，以促进教育的全面改革，适应信息化社会对教育发展的新需求。该定义强调了信息技术在教育中的广泛应用，以及其对教育改革的推动作用，将教育教学信息化视为一种动态的、持续发展的过程，强调数字资源在其中的重要性。该定义反映了当时国家对教育教学信息化的期望，即促进教育现代化和全面改革。要应用信息技术，深入开发和广泛利用信息资源，以培养适应信息社会要求的创新人才，加速实现教育现代化的系统工程建设。[②] 该定义强调了信息技术在教育与教学各个方面的应用，以及其对培养创新人才和推动教育现代化的重要性。将教育信息化定位为一个系统工程，强调了其对教

① 王述洋，黎粤华，胡艳英．信息与网络安全技术基础 [M]. 哈尔滨：东北林业大学出版社，2005.

② 武晓琼，王海萍．信息化时代的教育教学理论与实践研究 [M]. 北京：中国水利水电出版社，2019.

育发展的全面推动作用。[①] 教育教学信息化是一种技术应用，更是教育的全面改革和现代化进程，强调了信息技术在教育中的应用，以及其对教育质量和效果的提升，对学生信息素养和综合能力的培养。教育教学信息化是一个持续发展的过程，要求不断深化教育资源的开发和利用，推动教育模式和教育管理的创新，加速实现教育现代化的目标。

二、教育教学信息化的新诠释

教育教学信息化的定义在不同时期和语境下会有不同的诠释，因为随着时代的发展，教育教学信息化的内涵也在不断演变。在新时代，人们需要对教育教学信息化进行新的诠释，以更好地履行引领教育现代化的使命。新时代的教育教学信息化可以被定义为，在先进的教育思想指导下，在教育教学领域全面而有效地运用现代信息技术建立数字化教育教学资源、构建教育教学平台、拓展教育教学空间、构筑教育教学体系、创新教育教学模式的过程。此过程的目标是促进教育教学的全面改革，推动师生的全面发展和创新发展，促进教育教学公平，提升教育教学质量，支撑引领新时代教育教学现代化的加速实现。该新的定义强调了教育教学信息化的综合性和系统性，它不仅指技术的应用，还指教育教学的全面改革。教育教学信息化要求在先进的教育教学思想指导下，全面而有效地利用现代信息技术，包括计算机、互联网、多媒体等，以建设数字化教育资源，构建教育教学平台，为师生提供更多的学习机会和教育教学资源，促进他们的全面发展和创新发展。教育教学信息化的目标不只是提高教育教学的效率，更是提升教育教学的质量和公平性，要求创新教育教学模式，提供个性化的学习体验，支持教育教学的个性化发展，同时要求加强教育教学管理，构建教育教学体系，确保教育教学的可持续发展。教育教学信息化新定义的特点强调了以下几个方面。

① 管昕．信息化教学推动职业教育现代化的探索研究 [M]. 沈阳：辽宁大学出版社，2019.

（一）先进思想的指导

教育教学信息化迈向 2.0 的必然要求之一是强调“先进的思想指导”，这意味着教育教学信息化既需要先进的技术，又需要具备先进的教育思想作为指导。在新时代，教育教学信息化已经不再局限于简单的技术应用，而是需要更深层次的思想引领，以充分发挥其巨大的潜力和作用。先进的思想指导意味着教育信息化需要融入先进的教育理念和教育思想，传统的教育思想可能不再适应当今社会的发展需求，因此，教育教学信息化需要从教育领域内外吸收丰富的思想和观念。这包括来自各个学科领域的思想，以及对教育未来发展的前瞻性思考。教育教学信息化的先进思想还需要能够适应虚实世界融合的趋势。随着虚拟世界和现实世界的融合越来越紧密，教育需要在虚实融合的环境下发展。

（二）在教育教学领域充分应用现代信息技术

现代信息技术在教育教学中具有革命性的影响，可以提高教育教学的效率，并提升教育教学的质量。信息技术的应用使教育教学变得更加现代化，更具时代性。信息技术的应用可以使教育教学变得更加高效，更灵活地进行，学生可以随时随地获取教育教学资源，不再受制于时间和地点，教育教学变得更加便捷，学习变得更加自主和个性化。[①] 信息技术还可以提高教育教学的质量。现代信息技术可以提供丰富的教育教学资源，包括多媒体教材、在线课程、教育教学游戏等资源，使教育教学更加生动有趣，激发学生的学习兴趣。

实施信息化教育，关键在于有效地利用现代信息技术。这意味着人们需要明智地选择和使用技术，而不是盲目地采用技术。有效地利用现

① 丁静．高等教育与教学管理信息化建设研究 [M]. 西安：西北工业大学出版社，2019.

代信息技术可以带来更高的效率和更大的效益。[1] 在选择技术时，应优先考虑效率和效益，不应仅仅因为技术的新颖性而采用它，而是要评估该技术是否能够在教育教学中产生实际的好处。技术的选择应该根据教育教学的具体需求和目标来进行，以确保它能够提高教育教学的质量和效率。有时候，过度依赖技术可能适得其反，会影响教育教学的效果，所以不应盲目地采用技术。

在信息化教育的实践中，现代信息技术在教育教学领域发挥着关键作用。教育教学信息化是广义的信息化，强调在教育教学领域内全面地运用现代信息技术，以推动教育教学的发展和改革。这里的教育教学领域并不再限于学校教育教学，而是包括了更广泛的大教育教学范畴，如终身学习体系等。国家层面对教育教学信息化的关注始终聚焦在大教育教学范畴。早在 1999 年，教育部原副部长韦钰就提出了教育教学信息化的四项任务之一是“发展现代远程教育，构建终身学习体系”。这表明教育教学信息化的目标不局限于学校教育教学，还包括了终身学习，为广大学习者提供更多机会和途径。在教育教学领域运用信息技术可以带来许多益处，可以丰富教育教学资源，使学习者能够获取更多的知识和信息，并提高教育教学的效率。例如，通过在线教育和远程教育方式，可以实现灵活的学习安排，满足学习者的不同需求。不仅如此，信息技术还可以促进教育教学的创新，推动教育教学模式和方法的不断改进。

（三）建资源、构平台、拓空间、筑体系、创模式

在新时代，信息化教育的定义经历了重要的演变，不再局限于过去的行动性工作，而是更加强调综合性的发展和变革。建资源是信息化教育的基础。教育教学资源的建设包括数字化教材、在线课程、教育教学

① 张海丰，王红霞，钱国梁．信息化时代教育教学重构研究论文集[M]．北京：中国铁道出版社，2018.

应用程序等。它可以丰富教育教学内容，提高教育教学质量，同时为学习者提供更多的学习选择。建设丰富的教育教学资源可以满足不同学科和领域的学习需求，推动教育教学的多元化和专业化。构平台是信息化教育的关键要素之一。在信息化教育中，平台的建设可以促进教育教学资源的整合和共享。教育教学平台可以提供在线学习、教育教学管理和教育教学服务等功能，使教育教学更具普及性和便捷性。构建不同类型的教育教学平台可以满足不同学习者和教育机构的需求，推动教育教学的多样化和个性化。拓空间是信息化教育的重要方面。随着信息技术的发展，虚拟空间和在线学习环境变得越来越重要。拓展教育教学空间意味着可以在任何地方、任何时间进行学习，不再受到地理位置和时间限制，为学习者提供了更大的灵活性和便利性，同时促进了教育教学的全球化。筑体系是信息化教育的战略性工作。教育体系的建设包括教育规划、课程设置、评估体系等方面。一个完善的教育体系可以确保教育教学的质量和效果，使教育更具可持续性。创模式是信息化教育的关键。教育教学模式的创新可以提高教育教学的效益。新的教育教学模式可以采用在线教育、混合式学习、个性化教育等方法，更好地满足学习者的需求。创新教育教学模式可以推动教育的变革和提升。

（四）新时代教育现代化

新时代的教育现代化与过去的教育现代化不同，过去的教育现代化主要关注工业时代的教育需求，而新时代的教育现代化要适应智慧时代的需求。智慧时代具有数字化、网络化、智能化等特点，对教育提出了全新的挑战。[①] 新时代的教育现代化需要更加注重培养学生的信息素养、创新能力和综合素质，以适应未来社会的发展。新的信息化教育定义赋予了教育信息化工作者更大的使命和任务，教育信息化不再仅仅是

① 王慧．现代教育理念下的高校教育教学管理研究[M]. 北京：化学工业出版社，2021.

技术的应用，其要成为引领教育变革的力量。① 教育信息化工作者需要具备更多的智慧，能够深入理解教育的本质和需求，提出创新的教育理念和方法。他们需要具备更高水平的专业知识和技能，能够运用现代信息技术进行教育创新和改革。同时，他们需要有更大的情怀和担当，为实现教育现代化的目标而努力奋斗。找准立于新时代的教育教学信息化新定位是必要的，只有充分认识新时代的教育需求，才能更好地发挥信息化教育的作用。信息化教育要迎合新时代的要求，引领教育的变革和创新，为教育现代化的实现提供有力支持，推动教育朝着更加科学、现代、创新的方向发展。

（五）引领新时代教育教学现代化加速实现

信息化教育的核心在于其精神属性，其要求促进教育改革、师生的全面发展和创新发展，促进教育公平，促进教育质量提升，并引领新时代教育教学现代化的加速实现。信息化教育的精神属性在于推动教育教学改革。教育教学改革是推动教育教学现代化的关键一步。信息化教育作为支撑和引领教育教学现代化的力量，应积极参与和促进教育教学改革。引入现代信息技术，教育教学可以更灵活地适应社会的需求，创新教育教学模式，提高教育教学的质量和效果。信息化教育要不断激发教育教学改革的活力，推动教育体制和教育观念的变革，以适应新时代的教育要求。信息化教育的精神属性要求促进师生的全面发展和创新发展。教育的本质在于培养人才，而信息化教育应当以人为本，关注教育参与者的全面发展。教育不仅是知识的传授，还包括了思维能力、创新能力、社会责任感等多个方面的培养。信息化教育要倡导个性化教育教学，关注每个学生的特点和需求，培养他们的创新潜力。同时，教育要为教师提供更多的发展机会，支持他们不断提升教育水平，从而更好地满足学生的需求。信息化教育的精神属性要求促进教育公平。教育公

① 邬家炜．信息技术教学论[M].广州：华南理工大学出版社，2008.

平是社会公平的重要组成部分。信息化教育可以通过在线教育、远程教育等手段，弥补不同地区和群体之间的教育差距。它可以让更多的人获得高质量的教育资源，消除教育的社会性差异。信息化教育要致力于打破教育的地域和资源限制，为每个人提供平等的教育机会，实现教育的真正公平。信息化教育的精神属性要求促进教育质量提升。信息化教育可以通过数字化教材、在线课程、智能教育教学系统等手段提高教育的质量，可以提供更多的学习资源和工具，帮助学生更好地理解和掌握知识。同时，教育教学的评估和监管可以借助信息化技术而更加科学和精确。信息化教育要持续改进教育教学内容和方法，提高教育教学的实效性和可持续性。信息化教育的精神属性要求引领新时代教育教学现代化的加速实现，新时代对教育教学提出了更高的要求，信息化教育要充分发挥其引领作用，推动教育教学向现代化迈进；要积极参与国家教育改革和发展规划，为新时代教育教学现代化的实现提供有力支持。信息化教育要在全球化和数字化时代，引领教育向前发展，推动教育教学与时代相匹配。

第四节　信息化教育的发展历程

一、信息化教育的起点

信息化教育是信息化大系统中的一个重要的子系统，它在现代社会中扮演着至关重要的角色。为了深入探讨信息化教育的起源和发展，首先需要明确“信息化教育”一词中“信息”的内涵。信息在广义和狭义上有着不同的定义。广义的信息是对客观世界中各种事物的运动状态和变化的反映，是客观事物之间相互联系和相互作用的表征，表现的是客观事物运动状态和变化的实质内容。而狭义的信息则是在广义信息的基础上，加入了数字化表征的、与信息技术相关联的限定。广义的信息形态存在已有数千年的历史，甚至可以追溯到更早的时代，但是“信息化”一词直到20世纪后半叶才正式出现。因此，“信息化教育”中的“信息”是指狭义的信息，是在以计算机为代表的数字化技术出现以后的数字信息，从而决定了信息化教育的起点不会很久远。

要判断信息化教育的起始时间，可以从人们对信息化教育的认识出发进行研判分析。一种判断教育信息化起始时间的方法是是否在教育中运用以计算机、多媒体和网络通信为基础的现代化信息技术。这意味着信息化教育的起点应该放在这三种现代信息技术何时具备了全面运用的可能性上。其中，要使网络通信技术在教育中有全面运用的可能，必须借助互联网。可见，我国的教育能够连上互联网是在中国教育和科研计算机网（China Education and Research Network，CERNET）于1995年与国际互联网连通之后，因此可以初步将我国教育信息化的起始时间锁定在CERNET与国际互联网连通的1995年。另一种判断信息化教育起始时间的方法是从信息是否在教育中已能够“化”的角度进行分析。信息化与数字信息相关，但数字信息只是信息化的必要条件，不是充分条件。充分条件取决于信息是否已开始“化”。在这里，“化”意味着转变成某种性质或状态，并能在更大范围和更广领域中得以体现。要使现代信息技术在教育领域发展到足以引发一定程度的改变，需要现代信息技术发展到足够成熟的水平。在20世纪90年代，计算机、多媒体和互联网代表了现代信息技术的核心，也几乎包括了当时的所有现代信息技术。要使教育发生一定程度的改变，需要三种技术的全面运用。正如前面提到的，我国教育能够连上互联网是在CERNET于1995年与国际互联网连通之后，因此可以合理地将我国教育信息化的起点初步确定在CERNET与国际互联网连通的1995年。还有一种判断信息化教育起始时间的方法是从其特征出发进行追溯。信息化教育的特征可概括为开放性、交互性和非线性。有关特征均以互联网为基础，特别是开放性。因此，将我国信息化教育的起点锁定在CERNET与国际互联网连通的

1995年，是合适的。这可以将信息化教育的起始时间置于国际大环境中，根据相对时间进行考察分析。在全球范围内，美国是信息化教育起步极早的国家之一。美国政府在1993年提出建设“信息高速公路”计划，该计划推动了信息技术在教育中的广泛应用。根据我国教育技术界著名学者的观点，西方发达国家的信息化教育发展大体上兴起于20世纪90年代初。由此可见，无论从哪个角度看，将我国教育信息化的起步时间确定在1995年都是有充分依据的。该时间点标志着我国教育进入了信息化时代，为教育领域带来了革命性的变革。

二、我国信息化教育的发展

1995年前后，我国的电化教育已经在教育教学中发挥着重要作用。电化教育的“三深入”即深入教学、深入学科、深入课堂的理念，且其正在逐渐深入实践，而电化教育教材建设水平与质量也相当高，“三片两带”（电影片、幻灯片、投影片、录音带、录像带）等电化教育教材广泛应用。因此，可以说从1995年开始，我国的信息化教育与电化教育并行发展。该时期的信息化教育可以被形象地描述为“起步混搭期”。该术语贴切且合适，能够传达出当时我国教育发展的特点。“混搭”一词在这里有着重要的意义，既表示了信息化教育与电化教育在时间上的同时存在，也反映了模拟型教育媒体与数字化教育媒体的共同使用。在“起步混搭期”内，我国教育系统经历了一系列重要的发展和变革。信息化教育与电化教育共同推动了教育资源的数字化转型，使教育教学更加灵活和多样化。

1995年之前，我国教育系统已经积极开展了一系列与信息化教育相关的工作，尽管当时还没有正式进入信息化教育的“起步混搭期”。因此，可以将这一时期称为“孕育萌发期”，其标志着我国对信息技术在教育中的应用做出了大量的试验性工作、探索性工作和准备性工作。在“孕育萌发期”，我国已经开始开展计算机教育和计算机辅助教育，尝试将信息技术引入教育领域，并且还着手组建计算机局域网，为未来的信息化教育做好基础工作。该时期的探索为后来的信息化教育发展提供了宝贵的经验和教训。值得一提的是，可以将“孕育萌发期”的前边界延伸至 1983 年，当时邓小平同志提出了“教育要面向现代化，面向世界，面向未来”的重要指导思想。

我国信息化教育进入了新千年，迎来了蓬勃发展的时期，被称为“奠基普及期”。该时期标志着信息化教育事业进入了一个全新的阶段。2000 年，正值全球各行各业为进入新千年制定未来发展规划和策略的关键时刻，信息化教育也在这一历史时刻探索着如何更好地发展。在奠基普及期，我国着重建设信息化教育的基础设施，以支持信息化教育的发展。同时，全国中小学信息技术教育工作会议提出了建设“校校通”工程，并着力在中小学普及信息技术教育。这是对信息化教育普及的具体举措。该时期，信息化教育的地位被提升到了“带动教育现代化”的战略高度，表明政府高度重视信息化教育的作用和潜力，积极部署和落实相关政策。

经过若干年的信息化教育设施建设和信息技术教育的普及，我国的信息之路变得畅通无阻。师生逐渐具备了信息技术的应用能力，我国教育也逐步发展到了信息技术可以在教育中广泛应用并发挥重要作用的阶段。其关键节点是 2012 年。《教育信息化十年发展规划（2011—2020 年）》将“应用提升”确定为信息化教育的工作方针，标志着我国信息化教育进入了“应用提升期”，信息化教育呈现出了新的发展态势。在应用提升期，我国的信息化教育取得了显著的进展。信息技术在课堂教学中得到了广泛应用，不仅仅是为了信息化教育而应用，更是为了提高教育教学质量而应用。信息技术的应用变得普遍而广泛，不再局限于少数学校或地区，而是在全国范围内得到了推广和应用。信息化教育的应用不再是一时的热点，而是经常性的、持续的热点，成为教育领域的一项常态工作。信息化教育在应用中不断发展，除了简单地使用信息技术工具，还包括在应用中不断改进技术和提高教育质量。信息化教育的发展已经不再停留在初级阶段，而是朝着更高水平的目标迈进。

2017 年，党的十九大作出了中国特色社会主义进入新时代的科学论断，这意味着我国社会发展进入了新的阶段。为适应新时代的发展需求，教育部在 2018 年发布了《信息化教育 2.0 行动计划》，正式宣示我国信息化教育进入了 2.0 时代。这一计划提出了信息化教育的升级和发展方向，标志着我国信息化教育进入了一个新的阶段，即“融合转型期”。在融合转型期，我国信息化教育面临着更高的要求和更广阔的发展空间，不再仅仅关注信息技术的应用和提升，而是更加注重信息技术与教育的深度融合和转型升级。信息化教育不再是简单地使用技术工具，而是要求信息技术与教育教学相结合，促进教育教学的创新和提高。融合转型期的信息化教育更加注重跨学科、跨领域的融合，将信息技术与各个学科和领域相结合，实现更全面的教育现代化。融合转型期的信息化教育还强调了国际化视野和全球合作，信息化教育不再是国内封闭的发展，而是要与国际接轨，借鉴国际先进经验，开展国际合作和交流。

第二章　信息化与教育改革理论

第一节　现代化教育传媒

一、教育媒体的概述

媒体涵盖信息传递和传播的关键要素。媒体可以被理解为信息在传递过程中的中介，承载着信息从源头到接收者的传递和交流。媒体被定义为信息的承载体，是将信息呈现给受众的物质载体。印刷媒体，如报纸和杂志，用纸张作为承载信息的媒介，电视和电影媒体使用屏幕和投影设备来传递图像和声音，互联网媒体通过电子设备和网络传输信息内容。[①] 此类媒体形式都承载着信息，使其可视化和可听化，从而使人们能够接收和理解信息。媒体也指一切用于存储和传递信息的技术手段和方法，包括各种技术工具和通信渠道，用于确保信息从源头传递到接收者。[②] 在这一层面上，媒体涵盖广泛，包括传统的印刷、广播和电视技术，以及现代的数字通信、互联网和社交媒体平台。

从广义而言，媒体包括一切技术手段和实体，用于存储、传递和传播信息。媒体的范围非常广泛，涵盖各种形式的传媒技术和传播媒介。媒体在信息传递中扮演了重要的角色，它们连接了信源和信宿，使信息能够流动和传递。媒体包括传统媒体，如印刷媒体（报纸、杂志）、广

① 郝雨，白净．媒体大变局与传媒教育改革[M].上海：上海大学出版社，2016.

② 宣伟伯，余也鲁．传媒·教育·现代化：教育传播的理论与实践[M].北京：高等教育出版社，1988.

播媒体（电台、电视），以及现代媒体，如互联网媒体（网站、社交媒体）、数字媒体（手机应用、电子书）。这些媒体具有不同的特点和传播方式，但它们的共同目标是将信息从信源传递给受众，实现信息的传播和共享。通信是一个典型的信息传递过程，涉及广义的媒体。通信中的广义媒体如图 2–1 所示。

图 2–1　通信中的广义媒体

从信源获取的信息需要经过一系列步骤才能传递给信宿，此过程涉及编码、信道、解码等技术手段和媒体工具。从信源获取信息符号后，需要经过编码的过程。编码是将信息符号转化为能够传输的信号的过程。在电视广播的例子中，摄像机负责从信源捕捉图像信息符号，并将其转化为电信号。此编码过程是将图像信息转化为数字或模拟信号的过程，以便在信道中传输。接下来，信号需要在信道中传输。信道可以是各种不同的媒体，如线路、空气等。在闭路电视中，线路是信息传输的信道，而在开放式广播电视中，空气充当了信道的角色，信号通过信道传送到接收端。信号一旦到达接收端，就需要进行解码。解码是将传输过来的信号还原为信息符号的过程。在电视广播中，电视接收机负责将接收到的电信号转换回图像信息符号，以供信宿观看。此解码过程是编码的逆过程，目的是将信号还原为最初的信息形式。整个信息传递过程中，涉及编码器、信道和解码器等各种技术手段和媒体工具，它们共同构成了媒体系统。

教育媒体是在教育过程中承载和传递教育信息的媒体工具，具有不断发展和丰富的特点，能对教育效率产生深远影响。随着多媒体教学技术的进步，教育媒体已经成为教育领域中不可或缺的组成部分。教育媒体的多样性表现在不同的分类方法和维度上。根据媒体的性质，可以将教育媒体分为传统媒体、单向媒体和双向媒体。传统媒体如教科书、黑板等，主要用于传递知识，采用单向的传播方式。单向媒体如广播、电视等，可以传递信息但没有互动性。而双向媒体如互联网，则具有双向互动的特点，学生可以参与到教育过程中。根据教育媒体的应用场景，可以将其分为课堂教学媒体和远距离教学媒体。课堂教学媒体主要用于传统的面对面教学，而远距离教学媒体，如在线课程、视频会议等，则适用于远程教育和在线学习。根据媒体的感知方式，可以将教育媒体分为听觉媒体、视觉媒体、触觉媒体和视听媒体。通过不同的感官方式传递信息，能满足学生不同的感知需求。根据媒体的性质，可以将教育媒体分为真实性媒体、模拟性媒体和符号性媒体。真实性媒体是指能够真实反映事物的媒体，如实验设备、实地考察等。模拟性媒体则是通过模拟方式来传递信息，如模拟实验、模型等。符号性媒体则是通过符号和符号系统来传递信息，如文字、图表等。虽然绝大多数教育媒体最初并不用于教学，而是用于其他领域，如娱乐、工业等，但随着技术的发展和教育需求的不断增长，此类媒体逐渐被引入教育领域，并成为教学媒体。例如，电影媒体最初用于娱乐，但后来被用于制作科教片，用于社会教育。电视媒体也是如此，最早用于娱乐和商业广告，然后逐渐应用于教育领域，成为重要的电视教学媒体。然而，要成为真正的教学媒体，媒体需要具备两个基本要素。一是媒体必须用于储存和传递以教学为目的的信息，即教学信息。教学信息是根据教学目标选取的信息，是为了达到特定的教学目标而服务的。二是媒体必须能够应用于教育活动的过程，即能够支持教与学活动。任何媒体都可以用来储存和传送教学信息，但只有当它们经过改进以满足教学需求并应用于教育活动时，才能成为真正的教学媒体。

一般的媒体在演变为教学媒体时，通常需要经历复杂甚至漫长的发展历程。例如，广播电视最初用于播放新闻和娱乐节目，但随着技术的进步，它们逐渐被引入教育领域，用于远程教育，此转变历经了几十年的时间。闭路电视最初只应用于工业，成为工业电视，后来才被引入学校，用于教育闭路电视系统或微格教学系统，进行教学技能训练。计算机媒体和计算机网络系统也是如此，它们最初用于通信和商业领域，然后才逐渐被引入教育教学领域。一般的媒体要演变为教学媒体，通常需要解决两个关键问题。一是硬件的改造，包括使硬件设备更适合教师和学生使用，以满足教学活动的要求，同时降低硬件的价格，以便大规模推广。硬件改造可能涉及设备的设计和制造，以确保其在教育环境中的稳定性和可靠性。二是软件的编制。教学媒体所存储和传递的信息必须是教学信息，需要开发符合教学活动要求的软件，以便教师和学生有效地使用。软件的编制需要考虑教学内容、教学目标和学生的需求，以确保教学媒体能够有效地支持教育过程。

二、教育媒体的信息理论分析

学习和教育都涉及信息的获取、存储、传送、接收和加工，而教育媒体则是这一复杂过程中不可或缺的组成部分。教育媒体作为信息的承载者，在学习和教育中传递知识、启发思考，帮助学生更好地理解和掌握所学内容。同时，媒体的发展和应用推动着信息理论的进步，提高了信息的传递效率和质量。因此，教育媒体与信息理论之间存在着相互促进的关系，它们共同推动着教育的不断发展和创新。

“信息”一词在古拉丁语中最初的含义是解释和陈述，随着社会的不断进步和科学技术的发展，信息的内涵逐渐演化和丰富。如今，人们所说的信息已经成为一个复杂而丰富的概念，难以用一个简单的定义来概括，不同领域对信息的理解和解释也有所不同。在信息化教育领域，信息通常被视为具有教育意义的内容和数据，包括教材、课程内容、学习资源、学生表现等各种与教育过程相关的信息元素。此类信息通过教育媒体传递和呈现，帮助学生获取知识、发展技能并提高理解能力。因此，随着信息化教育的发展，对信息的理解也在不断演进，不再仅限于简单的解释和陈述，而是包含了广泛的教育内容和数据，成为教育过程中不可或缺的一部分。

信息在日常生活中通常指一般的消息，然而，要深入探讨信息的本质和来源，可以从信息论和控制论的角度来理解。信息是在适应外部世界和控制外部世界的过程中，与外部世界进行交换的内容。此观点将信息和人类与外部世界的互动联系起来，但未明确指出人类与外部世界所交换的内容是什么。人类与外部世界互动时，交换的内容多种多样。例如，人类可以将自然界的物质（食物）转化为自身的物质（肌肉、体质），将自然界物质的能量（食物中的能量）转化为自身的能量（如体力、体温）。然而，物质和能量并不等同于信息。因此，人们开始探讨另一种重要的内容，即关于事物运动状态和规律的描述。尽管其描述不是物质和能量本身，但与物质和能量之间存在密切的联系，即信息的本质：信息是关于事物运动状态和规律的表征。

从信息的角度来看，人类自身可以被视为一个信息体。在社会活动中，人类直接接触各种事物，并获取来自不同渠道的信息，包括来自教师、媒体、学校环境等方面的信息。在学校教学活动中，学生通过获取、加工信息，形成自己的知识和能力，从而构成了人类的学习过程。因此，可以认为学习的任务就是获取信息。在教学活动中，学生亲身经历和观察，可以获取事物的运动状态和规律的第一手信息，是最直接的信息获取方式，有助于形成实际经验。教学媒体是重要的信息载体，包括现代教学媒体（如多媒体计算机）和印刷媒体（如教科书）。多媒体计算机能够形象、准确地呈现教学信息，而教科书则以抽象概括的方式呈现信息，学生可以通过此类媒体获取信息。教师的言行举止也是一种重要的教学媒体。教师通过口头语言、表情和体态传达信息，与学生进行互动，帮助他们理解和消化知识。在现代教育教学活动中，上述三种信息来源缺一不可。当前，学校教育信息化建设的重点应该是更多地开发和应用现代教育媒体资源，包括建设多媒体学习资源中心（包括图书馆和视听阅览室）、多媒体综合教室、计算机网络教室、校园计算机网络系统、教育闭路电视系统等多媒体综合系统，并且不能忽视校园环境的建设，包括实验和实践基地的建设，以及培养优秀教师队伍。学校应该致力打造一个信息丰富、便于获取信息的学习环境，为培养优秀的人才提供物质条件和教育资源支持。

三、教育媒体的基础符号理论

信息是关于事物运动状态与规律的表征，主要是通过符号去实现的。符号是多种多样的，它们可以是形象的或抽象的，图像的或文字的，甚至声音的。用符号来表征信息的意义，是人类漫长历史中的一项重要创造，并已形成一门深奥的学科，即符号学。传播学家对符号的本质进行了精辟的分析，认为符号是人类传播活动的要素，它们代表事物，并且可以脱离传播关系的双方而独立存在。符号在一个人的思维中代表着某种意义，只要一个人接受了这一符号，它就会在这个人的思维中代表相应的意义。因此，符号具有传播意义的能力，可以被译成传播的因素。符号是用来代表特定事物的，每个符号通常只代表一个特定的事物或概念。例如，地图上的符号代表地理特征，人名代表特定的个体。符号的意义来自个体的经验，从出生开始，人们通过感官接触的东西来组织并形成符号的意义，意味着符号的理解是建立在个体的经验基础上的。符号的意义是因人而异的，每个人都有独特的经验和反应，因此对符号的理解也是独特的。符号的意义还受传播环境的影响，随着时间和地点的变化，符号的含义也会发生变化。随着社会的进步和科技的发展，符号的种类变得越来越丰富。符号可以按不同的方式分类，其中一种分类方式是数序符号、形状符号和模拟符号。数序符号包括口头语言、书写和印刷的文字符号，它们具有先后顺序，不能随意打乱，类似于数序。形状符号包括图画、图标、地图等，形状符号是对实际事物的抽象表征，通过形状来传达信息。模拟符号包括音乐或动作的符号，可以分为视觉模拟符号（如动作和事物的活动图像）和听觉模拟符号（如音乐和音响），模拟符号通过模拟现实世界中的感官经验来传达信息。在教育领域，教学内容通常是通过这些符号来实现的。不同的教育媒体使用不同类型的符号来传达信息。例如，多媒体计算机使用图像和声音，教科书使用文字和图表，教师使用口头语言和肢体语言。因此，符号的理解和运用在教育信息化中起着关键作用，教育媒体的选择和设计也需要考虑符号的特点和适用性。

四、教育媒体选择应用的原理

在信息化教育中各种媒体运用不同的符号来承载信息，并呈现出多样化的教学功能和特性。因此，在信息化教育中，必须深入分析每种教学媒体的特点，以便根据教育需求进行有针对性的选择和综合运用。

信息在本质上是关于事物运动状态与规律的表征，而不是事物本身，它是通过各种符号、符号学来实现的，因此，不同的媒体具有不同的呈现能力。教育媒体可以通过多种方式呈现信息。例如，多媒体计算机可以通过图像、声音和文字来呈现信息，使得信息更加生动和直观；教科书主要依靠文字和图表来传达信息，更注重文字描述和逻辑推理；教师的口头语言和体态则通过语言和非语言方式呈现信息，加强了与学生的互动和情感传达。因此，在信息化教育中，选择教育媒体要考虑其呈现力，根据教育目标和学生需求来确定最有效的媒体组合。

在信息化教育中，教育媒体的重现力是一个重要特性，指的是媒体对信息的重现能力，不同的媒体在信息的重现方面表现出不同的特点。一些媒体，如实时广播和电视，提供的信息瞬间即逝，难以重现。然而，其他媒体如录音、录像和电影具有将信息记录和存储的能力，可以反复播放，让学生反复学习。幻灯片和投影也可以根据教学需求反复播放，增强了信息的重现性。而计算机课件存储的信息可以根据学习者的需求进行定制，实现个性化的信息重现。

在信息化教育中，传送能力是教育媒体的另一个重要特性，指的是媒体将信息同时传送到接收者的空间范围的能力，不同的教育媒体具有不同的传送能力。广播和电视媒体，具有强大的传送能力，能够将信息传送到广泛的空间，覆盖大量的观众。计算机网络系统和有线电视播放系统也能够将信息传送到所有连接的终端，具有强大的传送能力。然而，其他媒体如幻灯片、电影、投影、录音和录像等则受到场所的限制，只能在有限的教室和教学场所进行传送，传送范围有限。因此，在选择教育媒体时，需要考虑传送能力，根据教学场景和受众的数量来确定最合适的媒体。

在信息化教育中，媒体的可控性是一个关键特性，指的是使用者对媒体操纵和控制的难易程度。不同的教育媒体在可控性方面表现不同。幻灯片、投影、录音和计算机，相对容易操纵和控制，适合用于个性化学习。学习者可以根据自己的需求和进度控制媒体的播放或呈现，实现个性化的学习。然而，广播和电视在可控性方面存在一定的局限性，因为使用者只能按照电台或电视台的播出时间来收听或收看节目，难以自主控制播放进度和内容。

教学媒体作为用于教学传播活动的媒体，能否取得良好的教学传播效果，主要取决于在选择应用时是否依据以下几条传播效果原理。

（一）共同经验原理

在教育传播中，教师通过媒体向学生传送教育信息，建立有效的沟通，必须基于师生之间共同的经验。该原理强调了教师需要根据学生的经验和理解能力，以共同的经验为基础，进行教育信息的传递。教师在教学中需要将学生已有的经验和知识作为起点，以便将新的知识引导到学生的认知领域中，主要可以通过比喻、类比等方式实现，使学生能够理解和接受新的知识。如果师生之间缺乏共同的直接经验，媒体可以成为一个有力的工具，通过图像、声音等方式呈现事物的运动状态与规律，让学生能够获取间接的经验，从而引导他们进入新的知识领域。教学媒体的设计和选择应用必须考虑学生的经验水平和知识背景，以确保教育信息的传递是有效的。教师需要理解学生的需求和认知能力，以便选择和使用适当的媒体工具，从而实现更好的教育效果。

（二）抽象层次原理

抽象是将事物的个别特征去除，提取其共同点，以代表或说明同一类事物的过程。学生的学习过程通常需要经历从具体到抽象的转化，只有如此，才能将获取的信息转化为知识和能力。因此，教师在选择应用信息化教育媒体时，必须在学生能够理解的抽象范围内选择教学素材，并在不同的抽象层次上进行逐步引导。在信息化教育中，选择合适的教学素材至关重要。教学素材必须能够引导学生从具体的观察和经验中提取共同点，并将其升华为抽象的概念和原理。此过程需要使用不同的媒体工具，如文字、语言解说、图像等，以便将学生的理解从形象和现象的层次引导到更高层次的抽象概念和原理。抽象层次原理强调了教育者在信息化教育中的角色——他们需要理解学生的认知水平和能力，以便选择适当的教学方法和媒体工具。

（三）重复作用原理

重复作用是指将一个概念在不同的场合或用不同的方式反复呈现，以达到更好的传播效果。该原理包含两层含义：一是在不同的教育场合中反复呈现同一概念；二是使用不同的呈现方式反复呈现相同的概念。重复作用原理的重要性在于加强学生对特定概念或知识点的记忆和理解。在不同情境下多次呈现相同的信息，可以帮助学生更深刻地理解和记忆所学内容。多角度、多方式的重复呈现有助于加强学生的认知，使他们能够更牢固地掌握知识。在信息化教育中，教师需要设计多种教学活动和媒体呈现方式，以确保概念的重复作用。这主要包括在不同的课程中多次引入相同的概念、使用不同的媒体工具呈现相同的信息，以及在不同的教育场合中反复强调关键概念。

第二节 “知行创合一”及协同认知基础理论

一、“知行创合一”的基础理论

（一）时代呼唤下的“知行创合一”

有着500年历史的“知行合一”原则一直以来都是指导人们思想与行动的重要准则。然而，随着社会进入智慧时代，创新和创造力成为重要特征，“知行合一”原则也需要根据社会发展规律进行演化，以适应新时代的需求。此种演化结果是“知行创合一”，代表着传统与现代的完美结合，它将历史、现实和未来合理关联起来。“知行创合一”强调将知识与实际行动相结合，并在此基础上注入创新和创造力。它认为知识不仅仅是为了被获取和储存，还是为了在实际生活和工作中应用和创造价值。该原则鼓励人们在实践中不断学习和改进，以适应不断变化的社会环境。

研究中国和世界科技史可以发现，王阳明提出并倡导“知行合一”的年代处于一个农业社会。在这一时代，人类的认知和行动主要集中在认识自然和适应自然上，科技水平相对较低，科学技术发展非常缓慢。四大技术革命尚未兴起，全球的科技进步有限。因此，当时强调“知”与“行”的二相空间是合适的，“知”与“行”的关系被看作是相辅相成、不可分割的。在那个时代，人们强调“知”中有“行”，“行”中有“知”，认为知识和实践是相辅相成的。此观念在当时被普遍接受，并在相当长的历史时期内被认为是正确的。即使在当今和未来，知识仍然需要转化为实际行动，只有这样，才能真正理解知识的本质，并使知识发挥最大的作用。只有通过实际实践，知识才能得到验证和检验，才能为社会和个人带来实际的益处。“知行合一”原则在当今信息化教育中仍然具有重要的意义。教育除了要传授知识，还要培养学生的实际应用能力。将知识与实际问题相结合，学生可以更好地理解和应用所学知识，并在面临实际挑战时提出创新的解决方案。“知行合一”原则鼓励学生将所学知识付诸实践，从而更好地适应现代社会的需求。

从信息化时代开始，信息技术的高速发展和普及已经对人类社会产生了深远的影响。这一时代的特征包括高速发展、分蘖成长、渗透生长和行业颠覆性等，人类社会就像坐在一架火箭推进器上一样飞速前进。特别是人工智能的突破性发展，使得机器和软件逐渐替代了人类的体力劳动和脑力劳动，促使人们面临着全新的劳动形态——该劳动形态以创新和创造为特征。因此，时代迫切需要培养具备创新创造能力的人才，也使得“知行创合一”成为历史的必然。“知行创合一”并不是要挑战或否定“知行合一”，而是对其进行进一步的发展、补充和完善。在信息化教育的背景下，知识的获取和实际应用已经不再局限于传统的知与行的二相空间。现代社会要求人们不仅要具备扎实的知识，还要具备创新和创造的能力，将知识付诸实践，并通过创新来解决复杂的问题。因此，“知行创合一”原则强调了知识、实践和创新的有机结合，使人们能够更好地适应信息化时代的挑战和机遇。信息化教育在培养“知行创合一”的人才方面发挥着重要作用。通过现代教育科技和教育资源的利用，学生可以获取丰富的知识，并将其应用到实际中。同时，信息化教育也鼓励学生参与创新和创造活动，培养他们的创新思维和实践能力。

在信息化时代的大背景下，人类社会正在经历着一场前所未有的创新浪潮。创新已成为智慧时代的显著特征，它在各个领域都发挥着重要作用，从科技到教育，从经济到文化，无不涉及。从创新的总体趋势来看，人类社会一直在由小创新不断向大创新迈进，此趋势在各个领域都有体现，例如，在科技领域，中国的“奋斗者”号载人潜水器成功坐底马里亚纳海沟，创造了 10909 m 载人深潜新纪录。该壮举背后涉及了许多创新和创造，包括超大型深海超高压模拟试验装置、全海深超高清视频实时采集压缩存储技术、全海深无线光通信技术等多个方面的技术突破。这些创新推动了科技的发展，也为人类探索未知领域提供了新的机会。现代教育已经摆脱了传统的教育方式，利用信息技术为学生提供了更丰富、更灵活的学习资源。通过在线教育平台、数字教材、虚拟实验室等工具，学生可以随时随地获取知识，并进行实践和创新活动。个性化的学习方式有助于激发学生的创新思维和创造力，培养他们解决问题的能力。“知行创合一”的提出进一步强调了知识、实践和创新的有机结合。该理念认为，知识不仅仅是为了掌握而存在的，更重要的是要将知识付诸实践，并通过实践来不断创新和完善知识。

（二）基于广泛认知与实践基础的“知行创合一”分析

1. 陶行知思想理论中的“知行创合一”

陶行知是一位杰出的教育家和哲学家，他对于“知行合一”有着深刻的理解和实践。他年轻时受到明代思想家王阳明的影响，推崇其“知者行之始，行者知之成”的“知行合一”思想。19 岁时，他甚至将自己的名字改为“陶知行”，以表达对这一思想的推崇。然而，随着学习和研究的不断深化，他开始质疑“知者行之始，行者知之成”的说法。在 43 岁时，他发表《行知行》，提出了与王阳明不同的观点，认为“行是知之始，知是行之成”。这一观点颠覆了以往的认知，反映出陶行知对知行关系的深刻思考和探索。为了体现这一新的理念，他再次改名为“陶行知”。陶行知的思想逐渐从“知”与“行”的二元关系探索向“知”“行”“创”的三元关系探索转变。他提出了“行动是老子，知识是儿子，创造是孙子”的理念，强调了创新创造对人、对民族和对人类社会发展的重要性。他甚至创造了一个新的汉字，能够包含“知”“行”“创”三个意思，并以此字为笔名发表文章。在 1943 年 10

月 13 日，陶行知写下了著名的《创造宣言》，呼吁人们要充分发挥自己的创造力，开创新的未来。他鼓励人们不论年龄，“只要有一滴汗、一滴血、一滴热情，便是创造之神爱住的行宫，就能开创造之花，结创造之果，繁殖创造之森林”。他强调了教育的重要任务是培养学生的创造力和创新能力，而不仅仅是传授知识。陶行知的思想和实践在当代中国仍然具有重要的指导意义，特别是在建设创新型强国的时代背景下，他的知行创关系理论有着深入、持久且极具独创性的价值。现代中国需要培养更多的创新人才，应将陶行知的思想进一步发扬光大，推动知识、实践和创新的有机结合，以应对未来的挑战和机遇。陶行知以自己的实践和名言，为后人树立了一个坚实的“知行创合一”的典范，激励着人们在知行创的道路上不断前进。

2. 学习目标层次进化预示“知行创合一”

学习目标层次的进化是“知行创合一”理论发展的重要背景之一，它反映了教育领域对于知识与实践关系的不断深化和演变。著名心理学家和教育家本杰明·布卢姆在 1956 年的《教育目标分类学：认知领域》一书中提出了六个认知领域的教育目标，分别是识记、领会、应用、分析、综合和评价。此分类成为教育界的标准，但后来经过演进，目标层次发生了变化，包括记忆、理解、应用、分析、评价和创造。该目标层次的变化反映了教育理念的变化，尤其是在认知领域。最重要的变化是由原来的最高级别的评价目标，变化为后来的最高级别的创造目标。此变化强调了在教育中培养学生的创新和创造能力的重要性，而不仅仅是传授知识或评估学生的记忆和理解能力。“知行创合一”强调知识与实践的有机结合，而创造是实践的高级形式。因此，将评价升级为创造目标意味着在教育中更加注重学生的实践和创新能力，与“知行创合一”的核心思想相契合。在 20 世纪中叶，我国学界已经存在“知行创合一”的实践，但尚未将其系统化地提升为理论，或者说尚未将“知行创合一”

的概念明确地表达出来。这表明，当时我国教育领域对“知行创合一”已经有一定的认识和实践，但尚未进行系统的整合和理论化。

（三）现代技术推动“知行创合一”的实现

从工业革命开始，人类社会发展的加速度明显提升，而信息化时代社会发展的加速度更大，此现象主要归功于信息技术的高速发展性、分蘖成长性、渗透生长性和行业颠覆性等特点。其中，高速发展性是信息技术引人注目的特征之一，它表现为指数式增长，以每隔 1 ～ 2 年翻一番的速度增长。快速的技术进步导致了信息技术的能力迅速提升。以集成电路的发展为例，摩尔定律描述了集成电路所集成晶体管的数量随时间呈指数式增长，从 1971 年 Intel 的 4004 芯片集成了 2300 个晶体管到 2017 年全球集成晶体管数量最多的 AMDEPYC 芯片集成了 1.92×10^9 个晶体管，仅用了 46 年的时间。其指数式增长使得信息技术的能力得到了迅猛的提升，影响了各个领域，包括教育。信息技术的高速发展提升了硬件的性能，并催生了各种新的软件和应用。此类技术的综合作用改变了教育环境和条件，学习者可以接触到物质世界和精神世界，还拥有了全新的虚拟世界。随着物联网技术、5G 技术、边缘计算技术、人工智能技术、3D 打印技术等的发展，虚拟世界与实体世界逐渐融合，为学习者提供了更多的学习空间和创新创造空间，为人类创新创造能力的发展提供了更大的支持。

信息技术的发展降低了创新创造的门槛，打破了过去的限制。人们可以更轻松地获取信息、进行合作、分享想法，并利用各种工具和平台进行创新，解放了人的创新创造力，使更多人有机会参与到创新和创造的过程中。与陶行知所处的时代相比，现在的时代更加有利于实现“知行创合一”。信息技术的飞速发展为教育领域带来了巨大的变革和机遇，使教育不再局限于传统的教室和教材，而是可以利用虚拟世界、在线学习和创新工具来推动知识与实践的有机结合。信息技术为信息化教育提供了新的可能性，使学生更容易将知识应用于实际情境中培养创新创造的能力，这进一步推动了“知行创合一”的实践和发展。

现代信息技术的高速发展为实现“知行创合一”提供了前所未有的机会和可能性。信息技术使知识的获取更加便捷，还催生了许多创新型信息技术企业。它们投入大量资金进行研发，推动了信息技术的高速发展。结合校企有机融通的形式，学校可以与企业合作，共同探索具有新知识、新行动和原创性的“知行创合一”发展，共同开发教育应用程序、在线学习平台和教育工具，使学生更好地利用现代信息技术进行学习，将知识应用于实际情境中。同时，学校可以利用企业的技术支持和资源投入，提升教育质量和创新能力。除了校企合作，现代信息技术本身也为教育带来了巨大的变革。在线学习、远程教育和虚拟实验室等教育工具使学生可以在任何时间、任何地点获取知识，并进行实践。灵活性和便利性为“知行创合一”提供了更多的机会，使学生能够更好地将所学知识转化为实际行动，并进行创新和创造。

现代信息技术已经为促进教育发展创造了巨大的机会，信息化教育已进入了发挥融创作用的2.0时代。该时代的特点是信息技术已经足够成熟，可以使教育由量变到质变，为教育带来了前所未有的机遇。尽管如此，教育改革仍然存在一些挑战，一些学校仍然采用工业时代的教育模式，或者仅仅局限在表面的招式改变上。教育信息化的2.0时代意味着教育已经融合了先进的信息技术，如在线学习平台、虚拟实验室和智能教育工具。有关技术为学生提供了更多的学习途径和资源，使他们能够以更灵活的方式获取知识。然而，教育改革仍然需要更加深化，以适应这一新的时代。

教育外各行业的高速发展，如“互联网+”“人工智能”“区块链”等，将对信息化教育的“知行创合一”产生倒逼作用。人工智能已广泛应用于各个领域，包括AI主持、AI记者、AI医生、AI法官、AI税务员等，它们正在深刻改变世界。教育外各行业的高速发展对教育领域有着巨大的影响，并为实现“知行创合一”提供了更多机会。人工智能可以为教育提供更多的个性化学习机会。通过分析学生的学习数据和行为，AI可以根据每个学生的需求和水平，制定个性化的学习计划并提供相关资源，有助于学生更好地理解和应用所学知识，实现“知行创合一”的目标。人工智能还可以提高教育的效率。教育机构和教育者可以利用AI进行自动化教育管理、评估和反馈，节省时间和精力，学生可以更专注于知识的实际运用和创新创造，加速“知行创合一”的进程。区块链技术可以提高教育的透明度和可信度。通过区块链，教育记录和证书可以安全地存储和验证，防止伪造和篡改，使得学生的学习成果更容易被认可和应用，促进了“知行创合一”的发展。

（四）现代化强国建设背景下“知行创合一”的重要性

在我国，创新已成为最重要的发展理念，成为驱动发展的第一动力，创新驱动发展战略成为我国重要的发展战略。在我国现代化强国建设征程中，国家和民族将更加呼唤创新。信息化教育作为教育领域的一项创新，具有重要意义。通过整合现代信息技术，信息化教育可以为学生提供更多个性化学习机会，提高教育效率，并促进知识的实际运用和创新创造，有助于培养具备创新精神的人才，促进我国在全球创新领域取得更大的竞争优势。

创新的核心在于人，而人的创新能力需要通过教育来培养和提升。在过去，教育任务主要是培养少数精英，他们被寄予厚望，被期望能够创新创造。然而，如今人们已经进入了大众创业、万众创新的“双创时代”，教育的任务不再仅限于培养少数创新者，而是要求更多的人能够积极参与创新创造。在当今时代，我国人均GDP已实现新突破，中国正迈向中高收入国家的行列。为了保持中高速发展，必须提升全民的创新创造能力。因此，不论是学校教育还是社会教育，都需要将提升学习者的创新创造素质和能力作为新时代的重要任务。信息化教育在这一背景下崭露头角，将教育与现代信息技术有机结合，为学习者提供更加灵活、个性化的学习机会。信息化教育的核心目标是将“知行创合一”的理念融入其中，构建“知行创合一”的全新教育模式，核心是将知识的获取与实际应用相结合，同时鼓励学生参与创新创造过程。信息化教育具有许多优势，其中之一是打破了传统教育中的时间和空间限制。学习者可以随时随地访问教育资源，无须受到地理位置的限制。信息化教育还可以通过智能化技术，根据学生的个性和需求，提供个性化的学习路径和资源。个性化的教育方式可以更好地满足学生的需求，激发他们的学习兴趣。在信息化教育中，学生不再被动地接受知识，而是积极参与到学习过程中。他们可以利用互联网上丰富的资源进行自主学习，还可以与来自世界各地的学生进行在线协作和交流。互动式学习有助于培养学生的创新思维，还能够提高他们的问题解决能力。信息化教育还使创新的机会获取更加平等。过去，只有少数学校或机构拥有丰富的教育资源，但现在，每个人都可以通过互联网获得高质量的教育资源。

国家致力设计和推动多种教育活动，旨在引导学生朝着“知行创合一”的方向成长。此类教育活动具有鲜明的创新导向，旨在培养学生的创新创造能力。举例来说，中小学阶段的信息技术课程特意引入了电脑制作活动，旨在培养学生在信息技术领域的创新意识和创造力，让学生有机会动手实践，从而更好地理解信息技术的应用，培养他们的创新思维。另一个例子是中国国际“互联网+”大学生创新创业大赛，这是一个明显以创新为导向的竞赛活动。在该竞赛活动中，学生需要提出创新的创业项目，并将其付诸实施，鼓励学生寻找新的商业机会。

在世界众多悠久的文化中，中华文化一直以来都保持着持续传承的特质，而且曾在历史上多次引领世界潮流。当代人不能成为文化的“啃老族”，而应在继承悠久文化的基础上开创新的文化，创造一种能让子孙后代更具文化自信的新文化。在教育领域，开创新文化的任务之一便是创造新教育。在此背景下，“知行创合一”的教育理念被提出，其重要性不仅在于它本身是一种创新，更在于以此理念为指导的教育实践所带来的突破、升华和革命，以及其对促进人类和人生发展的巨大潜力。中华文化的传承与创新一直是一个动态平衡的过程。人们继承了悠久的文化传统，但也应当敢于挑战传统，开拓新的文化领域，在文化、艺术和哲学等领域创造新的表达方式，也包括在教育领域创造新的教育理念和实践模式。因此，“知行创合一”的教育理念应被视为一种文化自信的表现，是在中华文化传统的基础上迈出的文化创新的重要一步。该教育理念所倡导的是将知识、行动和创新融合在一起，不再将它们分割为不同的领域，反映了当代社会对人才综合素质和跨学科能力的需求。学生需要将知识应用于实践，并具备创新创造的能力，教师要鼓励学生成为知识的创造者和实践者。“知行创合一”教育理念的实践将推动教育的升华和革命，将教育从单一的知识传授转变为全面的人才培养，强调学生的综合素质和创新潜力的培养。

创新与创造一直是中华民族最深沉的禀赋。回顾千年的历史，中华民族的先辈们以其杰出的创新创造能力，极大地推动了社会的前进与发展。创新精神在中国的历史长河中留下了浓墨重彩的一笔，为人类文明的进步贡献了众多宝贵的发明和创造。古代中国的创新成就堪称举世闻名。水稻的种植和农业技术的创新，为解决人类的食物问题提供了重要的支持，使农业取得了显著进步。火药的发明赋予人类更强大的力量，使人类社会能够改变自然环境，推动了科技和文明的发展。指南针的发明使人类可以远渡重洋，开启了国际交流的新时代。而造纸术和活字印刷术的创新，则大大促进了文化和文明的传播，为人类知识的积累和传承提供了便捷工具。不论从历史的角度看，还是从中华民族和国家未来的发展角度看，都需要现代化的教育系统来培养新一代的创新创造者。教育的使命不仅仅是传授知识，更要在原有的“知行合一”的基础上，进一步强调“创”，即“知行创合一”教育理念的核心。

现代社会要求培养更多的具备创新创造能力的人才。人均 GDP 已经突破1万美元的中国，要进入中高收入国家行列，就要继续保持中高速发展，必须提升全民的创新创造能力，让创新成为国家的动力源。这一使命需要教育从单一的知识传授转变为全面的人才培养，培养具备跨学科能力和创新思维的学生。“知行创合一”的教育理念为此提供了有力的指导，它强调知识、行动和创新的融合，能够满足现代社会对综合素质和跨学科能力的需求，培养出更具创新力和竞争力的人才。因此，人们要重视中华文化传统中的创新精神，同时将其与现代教育相结合，使教育不仅仅是“知行合一”，更要以“创”为重点，进而实现“知行创合一”的教育目标。

（五）从“知行合一”到“知行创合一”

教育的本质在于培养人，而现代社会对培养的要求已经不限于传授知识与实践，而是更加强调创新创造能力的培养。在这个背景下，要引入“知行创合一”的理念，以应对新时代的挑战。回顾历史，可以看到“知行合一”的哲学命题已经存在几百年。王阳明是第一个提出“知行合一”的哲学家，他强调思想与行动的统一，认为只有通过实际行动来践行思想，才能真正领悟和体验到思想的内涵。该理念在思想政治领域中具有特殊的重要性，在教育中也同样适用。然而，教育领域不仅涉及思想和道德层面，还涉及业务性和专业性的培养。因此，除了坚守“知行合一”的思想政治领域，教育还必须将创新融入其中，形成“知行创合一”的统一体系。这一统一不仅仅是概念上的统一，更是实际操作中的统一，要求教育既注重知识的传授，也注重实际行动和创新的培养。在“知行创合一”的教育理念中，“知”“行”“创”三者相互贯通，形成一个相互循环的体系。知识的获取可以通过实际行动来巩固和应用，而实际行动也可以促使新的知识的产生。创新则是这个体系的源泉，创新可以产生新的知识，推动实际行动的改进。此循环体系使教育变得更加有活力，学习者可以更充分地体验到“知”“行”“创”的乐趣和价值。在现代社会，知识的增长速度日益加快，传统的“知行合一”已经不能满足需求。学习者需要更多的创新创造能力，以适应快速变化的环境。最终，实现“知行创合一”的教育将有助于优化人才培养模式，打破“高均值、低方差”的困境，使更多的学习者能够充分发挥自己的潜力，为社会的发展和进步做出更大的贡献。这也是新时代教育所要追求的目标。通过“知”“行”“创”的统一，教育将更加有活力，进而更加有力地推动社会的发展。

二、协同认知的基础理论

（一）协同认知的概念分析

协同认知是一个认知过程，涵盖了人类与技术赋能之物之间的共同认知，除了人类个体的认知，还包括与外部物体的互动和协作，从而将人类认知扩展到与技术和物体的协同作用中。协同认知的本质是为人类认知提供辅助和支持，使人类的认知不再仅仅依赖自身思维，而能够借助外部的工具、技术和物体来辅助认知。其协同作用可以将人类认知提升到一个全新的层次，使其更加高效、智能和创新。例如，在现代社会，人们使用计算机和互联网来获取和处理大量的信息，就是一种协同认知的体现。人类的大脑通过计算机和互联网获得了远远超过个体认知能力的信息量，从而能够更好地理解社会现象、适应不断变化的环境、为社会提供服务、参与社会改革，并引领社会的发展方向。

协同认知是一个涵盖广泛领域的理念和方法，还是一种完整的体系，包括协同认知理论体系、协同认知技术体系、协同认知方法体系、协同认知能力体系、协同认知应用体系，以及协同认知教育体系。协同认知理论体系是协同认知研究的基础，涉及协同认知的内涵、价值观、基本思想等方面。协同认知技术体系包括了一系列技术和工具，用于支持和辅助协同认知的过程。有关技术包括物感技术、物记技术、物示技术、物析技术、物智技术等，可以帮助人们更好地与外部环境和工具进行互动，实现协同认知的目标。协同认知方法体系研究了具体的协同认知方法，包括如何组织和管理团队协同认知、如何有效地利用协同工具和平台、如何促进知识共享和创新等方面。该方法体系旨在指导人们如何在工作、科研和生活中应用协同认知的方法，以提高效率和创新能力。协同认知能力体系则关注个体和团队在协同认知过程中所需的能力，包括沟通能力、问题解决能力、团队协作能力、信息管理能力等，这些能力是协同认知的关键要素，可以通过培训和发展来提高。协同认知应用体系研究了协同认知在不同领域的应用，包括工作场所、科研项目、教育领域等，旨在探讨如何将协同认知理论和方法应用到实际工作中，以获得更好的结果。协同认知教育体系涵盖了协同认知教育的内容、平台、资源、方式、评价和习得等多个方面，旨在研究如何根据协同认知的理论和方法改革教育，培养学生的协同认知能力。

（二）协同认知的产生背景

人类社会的发展是一个螺旋式上升的过程，其基础在于不断提高人类对社会的认识和理解。社会的改造和进步需要提升人类的认知能力，此认知能力的提升通常需要认知理论的重大突破。在此过程中，工具成为人体的延伸，大机器和电力的发展大幅提升了人类的物理力量，为社会的建设和发展提供了强大的支持。工具使人们拥有了超人的力量、速度、观察范围、分辨率和深度。工具能帮助人类完成力量较大的任务。例如，起重机可以举起数千吨的重物，远超过人类的肢体能力。现代技术使得物体能够以比人类行走速度快得多的速度运动。例如，宇宙探测器以数千千米每秒的速度飞行。科技使人类能够观察到遥远的地方。例如，太空探测器可以拍摄地球之外的星球。科技使人能够观察到微小的事物。例如，电子显微镜可以拍摄到单个原子的图像。虽然人类一直在探索和创造工具来扩展自己的能力，但要发展智能助手相对更为复杂。

尽管信息技术和人工智能的发展为提升人类认知提供了巨大的潜力，但迄今为止，尚未建立起与智慧社会相匹配的以“帮脑”为核心的认知理论。人类认知的提升之路充满挑战，因此有必要探索新的认知理论和途径，以实现人类认知的整体极大提升。

在信息技术领域，指数式增长意味着某些技术指标在一定时间内呈指数增长，如摩尔定律和克拉克定律所示，表明了信息技术的迅猛发展，但人们往往容易低估指数式变化的巨大影响，将其误认为线性发展。指数式增长要求认知能力也能以指数方式提升，以适应信息技术的飞速发展。在现代社会，人类必须追赶和适应信息技术领域的指数式增长，需要不断创新认知理论和方法，以使认知能够与技术同步发展。指数式发展的信息社会需要指数式提升的认知来匹配，认知的提升通常有两个途径：一是通过脑科学技术突破来提高人的认知能力，但目前脑科学尚未取得重大突破；二是通过技术手段将电脑与人脑相连，实现全新意义上的人机通信，但目前的脑机接口技术仍需进一步发展。这表明，认知的极大提升不能仅仅寄托于大脑，必须另辟蹊径，协同认知成为唯一的选择。在人工智能和信息技术领域，人们尽管对其影响生活、工作、思维和学习的方式有一定了解，但对认知的理论突破仍然有待探索。新的认知理论的建立有助于推动人类认知的创新和提升，激发人的创新创造能力。现代技术已经赋予外部物体一定的认知能力，包括感知、分析、判断、记忆、决策等方面。特别是人工智能的发展使机器具有了更强的认知能力，包括语义理解、判断和深度学习等，有关技术已经能够帮助人们完成各种感知和认知任务。

（三）协同认知的意义

1. 促进认知理论的时代化发展

在当今的社会中，认知理论正在经历着一场深刻的变革，这一变革受到了新一代信息技术的推动。长期以来，人类对认知的研究相对滞后，主要诞生了离身认知、具身认知、情境认知等认知理论，但远未探索到认知的深奥之处。现如今，随着人工智能、物联感知、量子计算机等新一代信息技术的高速发展，人们正迎来认知理论的时代化进程。过去，人们对认知的理解主要集中在离身认知上，即人脑如何处理信息。该领域的研究成果在心理学和神经科学中有着重要地位，但它更多地集中在人的大脑功能上。具身认知理论则更关注人与外部环境的互动，强调认知是嵌入人体与环境互动的。而情境认知理论更加强调认知与特定情境的关系，认为认知是高度依赖情境的。然而，传统的认知理论并没有全面地考虑到新兴信息技术的影响。人工智能的发展，特别是深度学习和智能识别的超强评价与判断力，已经使机器在某些认知任务中超越了人类。物联感知技术使物体能够具有感知能力，从而改变了认知的范围和深度。而量子计算机的出现，为认知科学提供了全新的思考方式，其计算能力远远超过传统计算机，人们可以更有效地完成复杂的认知任务。在此背景下，人们迫切需要推动认知理论时代化。人们虽然已经认识到信息技术对生产、生活、思维、交流、工作、学习的巨大影响，但尚未高度认识到新一代信息技术对认知的巨大影响以及产生新的认知理论的必要性。认知科学需要应对这个时代的挑战和机遇，重新思考认知的本质和范围。新的认知特性和技术进步为协同认知提供了丰富的素材和可能性，有望引领认知科学进入新的境界。

2. 促进认知方式的时代化发展

协同认知是一种全新的认知方式，它既是一种理念，又是一种方式，其诞生不仅有望促进人类认知的提升，还能推动人们从传统的“己认知”模式走向“群认知”的新时代。此方式的出现，标志着认知科学正在迎来一次革命性的变革，将为人类认知带来全新的可能性，有助于推动更多的人走向创新创造。协同认知的核心理念是将个体认知与集体认知相结合，从“单主体认知”模式拓展为“集体认知”的复合模式。在此种认知方式下，物体不再是被动的观察对象，而是成为认知的助手和参与者。此方式鼓励主动性认知，提升了认知的层次。人们不再局限于对近距离表象世界的认知，而可以深入洞察和认知本质世界。此种方式有望促使人从“小我”走向“大我”，推动更多的人参与到创新和创造的过程中。新的认知理论将引导人们适应新社会的认知需求。在新时代，如果不能很好地发展和利用协同认知，那么人们的认知水平将无法适应新时代的社会发展需求。

（四）协同认知与教育教学技术的关系

协同认知和教育教学技术的关系在现代教育中变得越来越重要，它们以信息技术为纽带，共同促进着教育的进步和现代化。协同认知作为一门现代性课程，依赖信息技术的高度支持，而教育信息化则强调在教育领域充分而有效地应用现代信息技术，因此两者之间的协同发展对于推动教育的时代化起着至关重要的作用。协同认知借助信息技术取得了巨大的发展，信息技术为协同认知提供了强大的工具和平台，使学习者能够更好地合作、共享知识、共同解决问题。在线协同工具、虚拟学习环境以及社交媒体等技术已经成为协同认知不可或缺的组成部分，它们为学习者创造了互动性更强的社交学习环境，促进了知识的共享和协作。与此同时，教育信息化的发展也依赖信息技术的支持。教育信息化旨在充分利用现代信息技术，提高教育的质量和效率。在此过程中，协同认知的理念和方法得以应用，在线教育平台、智能教育工具和数据分析等促进了协同学习和个性化教育的发展。教育信息化的目标之一是将协同认知融入教育过程中，以满足不同学生的需求和提高教育的时效性。为了实现教育现代化，教育信息化的从业者需要充当协同认知的先行者、教育者、研究者、创新探索者和宣传者。他们需要不断探索如何将信息技术与协同认知相结合，以创造更具创新性效果的教育方式。改革信息技术教育是教育教学信息化的当务之急，将使信息技术教育走向更高层次。

第三节　信息化时代背景下的教与学

一、教与学的认识

教学是一项人类特有的人才培养活动，尽管没有一个确定的解释，但通常将其理解为教师的教和学生的学的结合体。教学活动旨在通过有目的、有计划、有组织的方式，引导学生积极自觉地学习，并加速掌握文化科学基础知识和基本技能，从而促进学生多方面素质的提高，使他们成为社会所需要的人才。教学是知识的传递，以及对学生综合发展的全面培养。教师在教学中起着重要的引导和组织作用，有责任激发学生的学习兴趣，培养学生的学习自觉性，帮助他们掌握必要的知识和技能。教师可以通过有计划的教学活动有效地引导学生，使他们在各个方面都有所提高。学生在教学中扮演着学习者的角色，需要积极参与教育过程，努力学习和掌握知识。

教学，从广义的角度理解，已经不再是某些自发、零星、片面的影响，它体现了有目的、有领导、经常而全面的影响，使其区别于生活本身和一般的学习和自学。然而，值得注意的是，虽然在一些方面有所区别，但“教学”与“教育”一词通常表示的含义在很多情况下没有明显的区别。在我国古代书籍中，“教学”和“教育”两个词是通用的。教学不仅是知识的传递，还包括了对学生的引导、培养和全面发展。教师在教学中有责任制订教学计划、组织教学活动、评估学生的学习成果，并在必要时进行调整。教学的目的是帮助学生获取知识和技能，同时培养他们的创造力、批判性思维和解决问题的能力。尽管“教学”和“教育”有时被用来表示不同的概念，但在实际应用中，它们常常交织在一起，相辅相成。

狭义的教学通常被理解为教育的一部分，而它也是教育的基本途径之一。教学从教育的概念中分化出来，以区别于教育的其他形式，如家庭教育、幼儿园教育、生产劳动教育和社会教育等。教学的主要内容是传授、学习知识和技能，通过紧密结合传授和学习来对学生的身心多方面产生影响。教学作为教育的核心组成部分，扮演着重要的角色，是知识和技能传递的主要渠道，教师在其中负责引导学生学习。教学的目标是帮助学生获取新的知识，掌握各种技能，并促进他们的全面发展。教学能够使学生积极参与学习过程，提高他们的思维能力、解决问题的能力和创造力。教学不仅包括传授知识，还包括评估学生的学习成果以及提供反馈和指导。其交互作用使教学更具效果，有助于学生更好地理解和应用所学知识。

教学是一项复杂而重要的活动，它的有效实施依赖七大要素：学生、教师、教学目标、教学内容、教学方法、教学环境和教学信息反馈。诸多要素相互关联，共同构建了教育的基础架构，使教学成为可能。学生是教学活动的核心，他们是教育的受益者和最终目标。教育的存在和价值在于满足学生的学习需求，促进他们的全面发展。因此，教学应当以学生为中心，关注他们的特点、兴趣和潜能，以便更好地引导他们的学习过程。教师在教学活动中是知识的传授者，还是学生学习的引导者和组织者。教师需要具备丰富的教育知识和教学技能，能够制定清晰的教学目标，选择有效的教学方法，激发学生的学习兴趣，提供必要的指导和反馈，以确保教学的成功。教学目标是教育的导向和标志，明确了教学活动的目的和期望的学习成果。教学内容包括了所要传授的知识、技能和价值观，它们应当与教学目标相一致，以满足学生的需求。教学方法是实现教学目标的途径，教师需要根据学生的特点和教学内容选择合适的教学方法，以提高教学效果。教学环境包括了教室、教材、技术设备等教学资源，它们为教学提供了必要的支持和条件。一个良好的教学环境可以激发学生的学习兴趣，提高他们的学习效率。教学信息反馈是通过评价学生的学习成果和教学的效果，帮助教师不断改进教学方法和内容。教学信息反馈是教育的迭代过程，可以促使教师更好地适应学生的需求和时代的变化。

二、信息化时代背景下的教与学理论新拓展

学习理论是教育领域的重要理论体系，帮助人们理解学习过程、教学方法以及知识的获取和应用。20 世纪见证了学习理论的繁荣，主要分为行为学派和认知学派两大流派。两个流派各自强调了教与学的不同方面，为教育提供了多重视角。行为学派侧重教学的效果，注重外部可观察的学习行为。在行为学派中，加涅（Gagne）的“联结—认知”学习理论被认为是比较有效和具代表性的，此理论关注学习者如何通过建立联结来获取知识和技能，教师在此过程中通过有效的教学方法来引导学生建立正确的联结，促进学习的发生。此学习理论强调了教师的指导作用，强调了教与学的互动性[①]。认知学派侧重学习者的内部认知过程，强调思维、记忆和问题解决等智力活动。建构主义学习理论，以维特罗克（Wittrock）的“学习生成模型”为代表，强调学生在学习过程中主动构建知识。此理论强调了学生的主体性和自主性，认为他们通过积极的思考、实验和合作来构建自己的理解[②]。教师在此过程中更像引导者，鼓励学生主动探索和学习。随着教育信息化的不断发展，教育领域面临新的挑战和机遇[③]。信息技术的广泛应用，尤其是网络教学环境的出现，为教育改革提供了新的可能性，如何运用信息技术来促进教育改革成为一个关键问题。在此背景之下，中国学者积极研究了信息化环境下的“教与学”理论。

① 武晓琼，王海萍．信息化时代的教育教学理论与实践研究[M]. 北京：中国水利水电出版社，2019.

② 郝伟．大数据时代下信息化教学的实践与应用[M]. 北京：北京工业大学出版社，2019.

③ 余胜泉，吴娟．信息技术与课程整合[M]. 上海：上海教育出版社，2005.

（一）数字化学习的基础理论

数字化学习是信息技术与课程整合的核心问题。数字化学习理论包含数字化学习领域的多个重要方面，为教育领域提供了宝贵的指导和框架，促使教育者能够更好地整合信息技术和课程，提高教育的质量。

1. 数字化学习的内涵

数字化学习是一个学习过程，学习者在数字化的学习环境中运用各种数字化资源，采用数字化方式进行学习，包括三个核心要素，即数字化学习环境、数字化学习资源和数字化学习方式。数字化学习环境指的是学习者进行学习的虚拟或数字化场所，可以是在线学习平台、电子课堂、网络课程等，给学习者提供了与教育资源互动的机会，创造了便捷和灵活的学习条件。数字化学习资源包括了数字化的教材、多媒体内容、在线课程、电子图书等，以数字形式存在，能够被学习者轻松访问和利用，为他们提供了丰富的学习资料和信息。数字化学习方式强调学习过程中采用的数字化工具和方法，包括在线讨论、电子测验、多媒体演示等方式，有助于提高学习的互动性和效率。

2. 构成数字化学习环境的基本因素

数字化学习环境也被称为信息化学习环境，是以多媒体计算机和网络为核心的信息技术所支持的学习环境。此环境的基本组成部分包括设施、平台、通信和工具，它们共同构建了一个现代化的学习场所。数字化学习环境采用多媒体技术，可以展示丰富的图像、音频和视频内容，使得学习变得更加生动和有趣，有助于提高学生的学习积极性。网络是数字化学习环境的重要组成部分，它是连接学习者与学习资源的桥梁。学习者通过网络，可以随时随地访问课程内容和学习材料，实现了异地教育和远程学习。数字化学习环境不仅提供了学习资源，还具备智能化的学习管理系统，可以根据学生的学习表现提供个性化的学习建议，帮助他们更好地掌握知识。数字化学习环境通过虚拟技术创造了一个仿真的学习环境，学生可以在其中进行实验、模拟操作和互动学习，有助于提高实际操作能力。

3. 数字化学习资源的基本类型与特征

数字化学习资源包括数字视频和数字音频，通过视听方式呈现信息，能够生动地展示各种概念和知识点。它们可以激发学生的兴趣，帮助他们更好地理解复杂的概念。多媒体课件是常见的数字化学习资源类型，其融合了文字、图像、音频和视频，以交互式的方式呈现课程内容，能够吸引学生的注意力，提供生动的学习体验。光盘只读存储器是另一种数字化学习资源，具有大容量，可存储丰富的教学材料和互动性学习内容，学生可以通过使用光盘只读存储器来进行自主学习和探索。专题网站和在线讨论区为学生提供了广泛的学习资源和交流平台，学生可以在网站上查找各种信息，也可以通过参与讨论与同学和教师互动，分享意见和知识。电子邮件是一种用于学术交流和合作的数字化学习资源，学生可以使用电子邮件与同学和教师进行沟通，提出问题和讨论学习内容。计算机仿真系统允许学生在虚拟环境中进行实验和模拟操作，从而更好地理解抽象概念和科学原理。数字化学习资源有助于学生亲身参与体验和实践。数据库用于存储和检索信息，学生可以使用它来查找相关研究资料和文献，此种资源提供了便捷的方式来获取学术信息。数字化学习资源的多样性和丰富性使其成为教育中的有力工具，它们具有多媒体、超文本、友好交互、虚拟仿真、远程共享等特性，为学生提供了更多的学习机会和方式，促进了教育的创新和发展。

4. 数字化学习理论的显著特征

关于数字化学习内容的获取与利用，数字化学习具有随意性，学习者可以根据自己的需求和兴趣随时选择学习资源，其灵活性使学习更加个性化。数字化学习具有实效性，学习者可以迅速获得所需信息和知识，提高学习效率。数字化学习资源的多样性和便捷性有助于学习者快速掌握知识。数字化学习是多层次的，学习者可以选择不同层次的学习资源，从基础知识到高级内容，满足不同阶段的学习需求。数字化学习还具有可操作性，学习者可以根据自己的学习风格和学习目标选择不同的学习方式和工具，使学习更加符合个体需求。关于数字化学习方式的过程与结果，数字化学习强调个性化学习，学习者可以根据自己的兴趣和需求选择学习内容，自主掌握知识。以问题或主题为中心，学习者通过解决实际问题或探讨特定主题来学习，增加了学习的深度，增强了实际应用性。数字化学习具有创造性与再生性，学习者可以根据自己的理解和创新重新构建知识，形成新的思考和见解。而且，数字化学习是随时随地的、终身的，学习者可以在任何时间和地点进行学习，实现终身学习的目标，不受时间和空间的限制。

5. 数字化学习实施的重要因素

实施数字化学习成功与否的关键在于学生将信息技术视为认知工具能力的高低。学生应当具备相关技能和意识，将信息技术用于获取信息、深入探究问题、与他人协作交流、解决难题以及积极建构知识。信息技术不再仅仅是工具，而是成为提升学习效果的关键认知辅助。

（二）协同学习的基础理论

协同学习理论研究的重要性在于，传统的学习理论和学习技术系统难以满足社会对新型人才的需求，新型人才需要具备多元素质和综合能力，包括批判性思维和问题解决能力。传统学习技术系统具有局限性，如学习者与内容缺乏深度互动、信息聚合不足、群体思维不够、分工合作与整合不足等。为了解决相关问题，一种建立在协同学习理论之上的全新的学习技术系统被提出来了。

1. 协同学习的基本概念

协同学习是一个富有前瞻性和革命性的概念，与传统的协作学习或合作学习有着根本性的不同。协同学习不仅仅强调的是学习过程中学习者之间的合作或协作，更注重整个学习系统的结构与功能。传统的协作学习或合作学习通常集中于学习策略和方法，而协同学习将焦点扩展到了学习系统的构建和优化，旨在实现教学的协同增效。协同学习关注学习技术系统中各个组成要素之间的协同关系与整合，包括了认知主体（学习者）、认知客体（学习内容）以及这两者之间形成的学习场。协同学习的目标是通过优化有关要素之间的互动，提高教学效果和效率。基于协同学习的概念，可以构建全新的学习框架，以更好地支持技术条件下的教育活动。

2. 协同学习的多场作用空间分析

协同学习是一个复杂的学习过程，其中涉及五个关键的作用空间，共同构成了学习场的作用域。五个作用域包括信息场、知识场、情感场、行动场和价值场，每个作用域都在协同学习中发挥着独特的作用。在信息场中，学习者可以获得各种形式的信息，包括文字、图像、音频和视频等信息资源，为学习者提供了丰富的学习材料，帮助他们了解和掌握相关知识。知识场是协同学习的核心，在知识场中，学习者不仅能获取信息，还能积累和构建知识，有助于学习者将信息转化为有意义的知识，以便更好地应用于实际情境中。情感场是另一个重要的作用域，涉及学习者的情感体验和情感态度。在情感场中，学习者可能经历兴奋、颓丧、满足等情感。情感场对学习者的动机和情感状态产生深远影响，直接关系到学习的积极性和持久性。行动场强调学习者的行为和技能，学习者将知识和技能应用于实际行动中，解决问题和完成任务。行动场是学习的实践领域，它强调“知行合一”。价值场是协同学习的终极追求，学习者追求个人和社会价值的实现。价值场反映了学习的终极目标，包括对社会责任、伦理和道德等方面的思考和实践。五个作用域之间相互联系、相互作用，共同构成了协同学习的复杂生态系统。

3. 协同学习的发生机制分析

协同学习是一种复杂而有力的学习方法，其发生机制可以用一句话概括——多场协同、个体与群体的信息加工以及知识建构。该机制在协同学习中发挥着关键作用，推动学习者实现深度的知识建构和综合性的学习目标。

根据协同学习理论建立的协同学习系统元模型，为协同学习系统的发展提供了有力的支持和指导。这一元模型分析了协同学习系统的技术要素，并考虑了来自其他领域的理论支持，使协同学习变得更加全面和可行。协同学习系统元模型的建立是基于协同学习理论的深入研究的，该模型考虑了协同学习系统中的各种技术要素，包括学习平台、内容管理、协同工具、评估和反馈等关键组成部分。通过分析和整合有关要素，研究团队为协同学习系统的设计和实施提供了指导原则和方法。协同学习理论的提出和系统元模型的建立为数字互动课堂带来了全新的协同学习模式，传统的教育模式通常是单向的，而协同学习模式鼓励学习者之间互动和合作。新模式为学习领域的创新提供了全新的思路和方法，有助于提升学习效果。随着协同学习理论的逐渐成熟和协同学习系统元模型的完善，该领域引起了学术界的关注。

第三章　基于信息化的高校教育教学模式探索

第一节　教学模式与信息化教学模式

一、教学模式的内涵

教学模式是教育领域中的一个重要概念，代表了教育教学方法的升华和发展。与教学方法相比，教学模式在层次上更高，涵盖了更广的范围，是一个宏观的概念。从教育教学的角度看，教学模式包括不同的教学方法和策略，是为了解决特定的教学问题而设计的。在国内外教育界，教学模式的定义因教学问题的不同而多样化，反映了教育领域的复杂性和多样性。

教学模式强调了教育理论和教育思想在教学实践中的应用，教学模式包括教学结构、方法、策略等多种内容，不同于纯理论，它更具体地指导了教育教学的实施过程。然而，需要认识到，教学模式本身并不能独立地指导和组织教学活动。它不是一个独立的设计组织教学的理论，而是教育理论的下位概念，是理论在实际教育教学中的具体应用。教学模式需要基于教育理论来构建和运用，是将理论转化为实际教学活动的桥梁。因此，在教育教学中，教育理论和教育思想仍然是指导和组织教学的基础，而教学模式则是在理论的基础上，根据具体的教学需求和情境来制定和应用的具体教育策略。

教学模式与教学计划有着不同的定位和作用，教学模式是一种协助教学的模式，它包含在教学计划之内，并在当前技术条件下辅助教学活动的进行。教学计划则是教学模式的外在表现形式，具有一定的长远性和规划性。教学模式的形成有两种途径：一种是直接概括教学实践经验，根据已有的成功实践总结出有效的教学方式；另一种是基于一定的理论提出假设，然后在实践中逐步完善和验证这一假设。无论是哪种方式，教学模式都应当是经过反复实践和验证的，确保其在实际教学中的可行性和有效性。因此，教学模式和教学计划相辅相成，教学计划体现了教学模式的长远规划和具体操作，而教学模式则为教学计划的实施提供了具体的指导和方法。教育工作者需要不断地借鉴经验、完善模式，以不断提高教学质量。

二、信息化教学模式的内涵与根本意义

（一）信息化教学模式的内涵

随着信息化技术的飞速发展，信息化教学模式作为教育领域的新兴发展模式逐渐崭露头角。信息化教学模式是在信息技术支持的教学模式或数字化信息化学习模式的基础上发展而来的，融合了现代信息技术，将教学活动与数字化学习环境相结合，从而为教育提供了全新的可能性。信息化教学模式可以被视为一种信息技术支持的教学活动结构，包括教学策略，涵盖教学方法和教育环境的设计。信息化教学模式建立在相关学习环境设计理论和实践框架的基础之上，除了技术的应用，还包括对教育环境的精心设计和构建。教育者需要根据学习者的需求和教学目标，借助信息技术来打造符合现代教育需求的学习环境。当前，国内外的信息化教学模式呈现出多种多样的形态。随着现代教育信息化和科技的突破创新，以及信息化融合的不断深化，国内外必然会涌现出更多全新的信息化教学模式。

（二）信息化教学模式的根本意义

1. 学习者适应信息化时代所需的素质

随着时代的发展，特别是进入知识经济时代，人才素质结构正在发生重大变化，强调学习者的适应能力成为信息化时代的重要特征。传统的产业工人所占比例逐渐减少，而对知识劳动者的需求日益增加，他们需要具备一系列适应信息化时代的素质和能力。知识劳动者需要学习和掌握与信息化时代相关的计算机技术，包括但不限于因特网、电子邮件、文字处理软件、知识管理系统以及制图软件等。信息化时代依赖先进的计算机技术来进行知识信息的搜集、处理和加工，因此，知识劳动者必须熟练地运用这些工具，以提高工作效率。知识劳动者需要具备团队协作与组织能力，信息化时代强调团队合作和知识共享，因此，能够与他人协作、组织团队并有效地共同完成任务的能力至关重要。信息技术素养也是必不可少的，包括对信息技术的理解和运用，以便更好地处理和传递信息。问题解决能力和决策能力是知识劳动者必须具备的重要素质，信息化时代面临着复杂多变的挑战和问题，知识劳动者需要具备分析问题、提出解决方案以及作出明智决策的能力。

2. 学习者学习方式的变革

（1）转向创新性学习。进入信息化时代后，学习方式和要求发生了根本性的变化，传统的继承性学习已经不能满足时代的需求，因此，人们逐渐走向创新性学习。创新性学习具有两个核心方面的内涵，分别是“学会”和“会学”。创新性学习的“学会”阶段强调获取必要的知识，包括自然科学和社会科学的基础知识，同时关注与知识相关的技能、态度、方法以及道德品质的培养和提高。此阶段的目标是确保个体具备必要的知识和素养，以满足日常工作和生活的需求。“学会”需要不断学习和掌握知识，可以通过教育、培训和自主学习来实现。创新性学习的

“会学”阶段强调培养个体的学习能力，包括思维能力、观察能力、实践能力等各种学习技能。此阶段的重点是使个体具备源源不断的学习能力，能够独立思考、观察和动手，具备解决问题和创新的能力。“会学”需要培养创新意识，激发个体的创造力，使其能够在不断变化的环境中应对各种挑战。

在信息化时代，信息爆炸性增长，个体需要具备筛选和获取有效信息的能力，同时要能够储存有关信息以备后续使用。学习并不只是获取知识，还要能够将知识应用到实际情境中，根据信息进行实践活动，并成功解决问题，可见，实践是创新性学习的关键环节。创新性学习强调创造性思维和观点的提出，个体需要具备分析、整合和创新的能力，在拆分重组的过程中提出新颖的观点与看法，以应对不断变化的挑战和机遇。

（2）转向自主学习。信息化教学模式的发展背景是信息化时代的来临，这一时代不再要求学生被动地接受知识，而是要培养拥有自主学习能力的学生，让他们成为学习的主体，具备主动性、能动性和独立性。该理念强调了学生的主体性和参与性，同时要保证学生的自主性是合理合法的。信息化教学模式与我国新课程改革的理念相契合，都倡导培养学生的主体性、能动性和独立性，因此自主学习成了一个重要的教育目标和方法。自主学习是个体生理和心理发展的必然趋势，在人的成长过程中，逐渐实现行为的自主性是一种自然而然的发展。从婴儿学会独立站立到儿童学会自己读书，再到成年人自己决策和管理生活，自主性是人类成熟的标志之一。因此，培养自主学习能力符合人的生长发育规律。自主学习的能力为个人的终身学习提供了保障，在信息化时代，知识不断更新，个体需要不断学习和运用新知识。拥有自主学习能力的人可以更好地进行终身学习，跟上时代的发展步伐，不断提高自己的知识水平。自主学习能力也有助于个性化学习，因为每个人的学习需求和兴趣都不同，自主学习可以满足个性化学习的要求。自主学习能力有助于个体更好地融入团队，在信息化时代，团队合作成为一种重要的工作方式，个体需要具备合作和协调能力。拥有自主学习能力的人更容易适应团队合作的要求，因为他们具备主动获取知识、解决问题和创新的能力，可以更好地为团队的成功作出贡献。自主学习能力有助于个体的可持续发展，在不断变化的社会和职业环境中，只有具备自主学习能力的人才能够保持竞争力，实现自我的可持续发展。

（3）转向个性化学习。个性化学习是信息化时代教育的一个重要方向，它强调每个学生的独特性和个性化需求，为实现个体的成功提供了关键的支持。在信息化时代，学生可以根据自己的兴趣、能力和学习方式，充分发掘和满足个性化需求，这对于他们的全面发展至关重要。个性化学习重视每个学生的天赋和理想，不同的学生具有不同的天赋和兴趣，他们的职业理想和发展方向也各不相同。个性化学习要求教育体系不再采用“一刀切”的方式育人，而是要为每个学生提供多样化的学习机会和选择，让他们能够根据自己的兴趣和理想来选择学习内容和路径。信息化时代为个性化学习提供了条件，现代技术和互联网的发展使得学习资源变得更加丰富和多样化。学生可以通过在线课程、教育应用程序、数字图书馆等平台获取知识，不再受限于传统教室的教学方式，这为个性化学习提供了更多的可能性，学生可以根据自己的需要自主选择学习资源。个性化学习需要教师以学生为中心，教师在个性化学习中扮演着重要的角色，他们需要了解每个学生的需求和特点，为他们提供个性化的指导和支持。

（4）转向基于技术的学习。在信息化时代，学生面对基于技术的学习方式，可以充分利用先进的信息技术来实现自主学习、反思和知识探究。通过网络和各种学习平台，学生可以获得丰富的学习资源，培养自己的学习能力和创新思维。此学习方式鼓励学生主动参与，提高了他们的自主性和独立性。因此，学生需要主动利用网络资源，积极构建个性化的学习模式，以适应信息化时代的学习需求。

第二节　高校传统教学与信息化教学的区别

一、传统教学资源与信息化教学资源的区别

教学资源是教学过程中不可或缺的支持和帮助，旨在实现教学目标并提供各种教育功能所需的资源。教学资源可以从多个角度来理解，包括物质资源和非物质资源，在传统教学和信息化教学中存在显著差异。传统教学资源主要指的是物质资源，如教材、教室、黑板等，它们在传统课堂教学中发挥着重要作用，教师依赖它们来传达知识。传统教学资源通常是有限的，取决于学校的设施和教材供应情况。因此，在传统教学中，教学资源的利用和管理至关重要。信息化教学资源则更加多样化和灵活，包括数字化教材、多媒体课件、在线教育平台等，通过网络和技术支持，可以随时随地利用和访问。信息化教学资源的优势在于其丰富性和互动性，其能够为学生提供更多的学习方式和机会，促进个性化学习，能够根据学生的需求提供定制化的学习体验，促进自主学习和跨时空学习。

支持系统为教师和学生提供了必要的条件和资源，以促进教学和学习的有效进行。传统支持系统和信息化教学资源的支持系统有着不同的特点和功能。传统支持系统主要包括教师、同伴和教材等，教师通过教学活动指导学生，同伴之间的互动也促进了学习，教材提供了知识和信息的来源。传统支持系统强调面对面的互动和传统教育方法，有助于建立师生关系和确保传统教育的稳定性。信息化教学资源的支持系统则更加多元化和灵活，包括现代媒体、学习工具和网络信息等。教师可以借助多媒体技术传递知识，学生可以通过网络获得丰富的学习资源，有助于拓宽学习渠道和提高学习效率。

教学环境包括教室的物理条件，还包括学生、教材和支持系统之间

的互动和氛围。传统教学环境通常以传统的教室为主，课堂教学是主要的教学形式。在此种环境下，教师主要是知识的传授者，学生在课堂上被动接受知识。与传统教学环境相比，信息化教学环境更加多样化和灵活，其借助信息技术的应用，如校园网和电子网络教室，为教学提供了新的可能性。在信息化教学环境下，教师可以利用多种多样的教育工具和资源，创造出丰富的教学场景，促进学生的主动参与和协作学习。此外，学生可以更方便地获取在线教材和资源，以支持自己的学习。教师在信息化教学环境中具有更大的灵活性，能够根据学生的需求和教学目标来选择合适的教育工具和方法，有助于提高教学的适应性。同时，教师可以更好地引导学生进行自主学习，培养他们解决问题的能力和创新思维。

二、传统教学模式与信息化教学模式的区别

教学模式是指在教育教学过程中，基于一定的教学理念和教育规律，形成的一套相对稳定的教学程序和教学方法的策略体系。该体系涵盖了教学过程中的各种要素，包括教学内容、教学方法、教学资源、评估方式等，它们相互关联、相互作用，共同构成了一个完整的教学模式。

在传统的教学模式中，教师通常扮演着知识的主动传授者的角色，而学生则被动接受知识，教材和教具等媒体被视为教师传授知识的辅助工具。相比之下，现代教育越来越强调学生作为认知主体的地位，这意味着学生不仅仅是知识的接收者，还应该是知识的构建者和应用者。现代教育更加注重培养学生的创造性思维、批判性思维和问题解决能力。教师的角色也在发生变化，他们不再仅仅是知识的传授者，而是学习的引导者和合作伙伴，他们的任务是激发学生的好奇心，引导学生主动探索知识，培养学生的自主学习能力。

在现代社会，信息技术的广泛应用已经改变了教育领域的格局，特

别是网络教学的兴起，使得教育中的信息资源变得更加丰富和容易获得。在当前信息化时代，教师和学生在获取信息的机会上几乎是均等的。学生可以轻松地通过互联网和其他信息渠道获取大量的知识。因此，教师需要从传统的中心地位转变为辅助地位，应该成为学生学习的引导者和合作伙伴。学生在学习过程中不应该只是被动地接受信息，而是需要积极参与知识的构建过程。他们应该根据自己的知识基础，主动选择、加工和处理外部知识，以理解知识的意义。

信息化教学模式是一种基于现代教育技术手段的教育方式，充分利用多媒体计算机、教学网络、校园网和互联网等现代技术，以信息的传递模式和学生加工知识信息的心理过程为依据，为学生创造出一个良好的学习环境。在信息化教学模式下，教师的角色发生了显著的变化，不再是传统意义上的知识的主动施教者，而是成为学生学习的组织者和引导者，以及学生建构知识体系的帮助者和促进者。学生和教师都能够自由地获取各种信息资源。信息化教学模式强调学生的主动性、积极性和创造性，学生不再只是被动接受信息，而是需要积极参与知识的构建和分享。教师应该鼓励学生积极参与知识的构建和分享，引导他们学会自主选择合适的学习资源，形成自己的学习方法，以培养更深层次的理解和应用知识的能力。

第三节　构建信息化教育模式的支柱类型分析

一、构建信息化教育模式的理念

（一）素质教育

素质教育是一种教育理念，其应运而生以适应时代的需求。从 20 世纪 90 年代开始，一直延续至今，人们对素质教育的定义和内涵进行了逐渐深入的研究，并形成了广泛的共识。素质教育的根本目标是全面提高所有学生的基本素质，强调培养学生的主体性，注重挖掘学生的潜能，促进学生的人格发展。素质教育特别注重培养学生的创新精神、创新能力和实践能力，以使教育更好地适应时代社会的发展和个体的成长需求。

（二）新课程教学的基本理念

《基础教育课程改革纲要（试行）》以及一系列新的课程标准的颁布，标志着中国教育体系的重大改革，旨在与世界教育改革的发展趋势相一致，构建适应素质教育要求的基础教育课程和教学体系。这一改革将中国的基础教育推向了实质性的发展阶段，呈现出令人瞩目的发展态势。新课程标准明确提出了实现三维目标的理念，转向注重个人情感和价值观的教育，以学生发展为中心的完整课堂教学摒弃了传统的以知识和学科为中心的发展观，鼓励每个学生全面发展自己的知识和能力。新课程标准还提出了“能焕发出生命活力”的理想课堂教学形态，强调了理想课堂是师生心灵对话、互动的舞台，鼓励引导学生探索未知，探究知识和点燃智慧，也是教师充分展现教育智慧，师生共同激发潜能，充满平等和民主、愉悦和共鸣的场所。此种新课程理念包括生活性、发展性和生命性三大理念，强调课程与生活的紧密联系，致力于每一位学生的发展，以及学生和教师在教育过程中的共同体验和成长。新课程标准还要求改变学生的学习方式，转变学生的基本行为和认知取向。这包括将学生的被动性变为主动性、依赖性变为独立性、抽象性变为体验性。此种学习方式的转变对促进学生的全面发展具有战略性的重要意义，能够发挥人的主体性作用和促进人的可持续性发展。信息技术在新课程改革中发挥了重要作用，融合信息技术与学科课程，借助信息技术提供的多样化教育环境和认知工具，实现了学习方式、教学方式和师生互动方式的改革。教育机构需要充分利用信息技术来支持教学过程，提供更丰富的教育资源和多样化的教学方法。新课程改革也要求教师从传统的知识传授者转变为学习促进者、研究者和建设者。教师需要帮助和引导学生进行学习，保持对学生的尊重和赞赏，注重反思教学，强调合作教学，共同进步。新课程对教学评价进行了适宜的改革，强调评价的促发展功能，提出多元化的评价指标，运用多样化的评价方法，依靠多个主体进行评价，将评价重心从结果评价转向过程评价。此评价体系有助于全面客观地评估学生的学习成果和教学质量。在新课程理念指导下，信息化教学模式构建应做到以下几点：注重学生创新与思维能力的发展；在确保教学目标整体性的基础之上，实现教学形态的创新、完整；适应人与时代发展的需要；实现教学关系、教学过程、教学方法等一系列学习方式的变革；强调师生主体性地位与两者之间的交流互动作用；构建以建构主义先进理论为指导，融合信息技术的教学模式。

二、构建信息化教育模式的理论支柱

教育的目的是教育活动的宗旨以及开展教育活动的基础依据，教育的目的决定了教育的方向和价值观，从不同的历史条件和教育观念出发，会对受教育者的培养产生不同的要求，因此能够培养出不同素质和规格的人才。在不同的时代和文化背景下，教育目的的演变反映了社会的变迁和教育理念的不断发展。在中国古代，教育家提出了通过礼、乐、射、御、书、数六艺的教育来培养国之“士”的目的，强调了道德、礼仪、文化等方面的培养，旨在培养有道德品质和文化修养的人才，以维护社会的和谐与秩序。古希腊教育家则主张在教育中开设“七艺”，旨在使培养出来的人才具有健康的体格、良好的道德标准和审美感，反映了古希腊社会对身体、品德和审美的重视。教育的目的是全面培养个体，使其在多个领域都有出色的表现。然而，在文艺复兴之后，近代西方几乎每一个进步的思想家都开始推崇教育是为了实现人的全面发展的理论。人的全面发展成为贯穿于近代历史文明发展中的崇高理想。

教育的目的在于促进人的全面发展。人的全面发展包括多个方面，涵盖了人的需要、主体性、能力和才能、个性的自由发展，以及社会关系的全面发展。人的需要是人的本性，它是人类一切活动的源泉和动力。正是因为人要满足自身生存、享受和发展的需要，物质生产和社会活动才得以进行，教育应该致力满足人的各种需求，包括物质需求、精神需求和社会需求，以实现个人的价值和发展。教育不应该剥夺或压抑人的正当需求及对这些需求的满足行为，因为这会违背人性，否认人类本身。因此，教育的目的之一是帮助个体实现全面的需求满足，使其能够在各个方面都得到充分的发展。人的主体性是人所具备的特殊属性，表现为个体的主动性、创造性和自主性。社会历史的主体是人，而人的主体性体现在人在创造历史的活动中表现出来的能动性和自主性。因此，教育应该培养个体的主体性，使他们能够成为社会的主人，而不是被动的接受者。教育应该激发学生的主动性和创造性，使他们能够在面对各种挑战和机遇时积极应对并取得成功。人的全面发展的核心和重要内容是人的能力的全面发展。人的发展必须包括各种能力的发展，而人又具备多方面的能力，包括自然力和社会能力、潜力和现实能力、体力和智力等。只有充分发展人的能力，才能真正实现人的全面发展。因此，教育应该注重培养学生的各种能力，使他们具备应对不同情境和挑战的能力。个性的自由发展就是一切天赋得到充分发展。个性是每个人独有的品质，教育应该为个体提供发展个性的空间和机会。个性的自由发展体现了个人的自主性、能动性、独特性和创造性，使每个人都能充分表现自己的个性和特点，这有助于培养具有独立思考能力和创新精神的人才，推动社会的进步和发展。人的社会关系指的是人与自然、社会和他人之间存在的关系，社会关系可以体现人的本质，因为人的本质在现实中往往通过社会关系来表现，个体的社会关系包括与他人的互动、与自然环境的关系以及与社会机构的互动等。

21 世纪的社会正在经历一场深刻的变革，新时代被塑造为全方位的知识经济时代，这一历史性的转变无法被阻止。在这一时代，人才经济、头脑经济和智慧经济已成为知识经济的核心特征，这对教育和人才培养提出了新的迫切要求。知识经济的核心特征是以知识和信息为基础的产业日益增多，并在整个经济体系中占据主导地位。此类产业的特点是其生产过程逐渐变得“非物质化”和“智力化”，物质和技术在生产中的地位逐渐下降，而人的作用变得至关重要。在这一时代，人们必须具备某种职业的实用技能和综合能力，以及相应的智力技能、社会技能和人际关系处理技能等。随着科学技术的迅猛发展，新的职业不断涌现，而传统职业则逐渐被淘汰，导致人们多次变换工作或工作场所成为常态。为了适应21世纪社会发展的要求，应强调人的全面发展，注重培养个体的多元素质和多方面能力，包括学术方面的知识以及智力技能、社会技能、创新能力、沟通能力、团队合作能力等各个方面的素质。信息化教学模式在这一背景下变得尤为重要。现代教育需要充分利用多媒体计算机、教育网络等现代教育技术手段，以提供更灵活、个性化的学习体验。信息化教学模式可以满足学生多样化的学习需求，培养他们的信息素养和自主学习能力，使他们能够更好地适应社会的变革。

三、构建信息化教育模式的技术支柱

（一）技术的主要作用

技术作为适应时代生存和发展需求的必备素养，在现代社会中具有重要价值。随着科技的不断发展，技术已经成为人们生活和工作的一部分。因此，教育系统需要融入技术元素，以帮助学习者适应充满变化的时代。技术是促进学习者高阶能力发展的有效途径，学习者可以通过使用技术更好地获取信息、解决问题、思考创新，并提高综合能力。信息技术的应用已经引发了教育改革，使教育更具灵活性和个性化。同时，利用信息技术有助于支持教育改革，可以更好地满足不同学习者的需求，提供更多的学习资源和途径，实现教育的多样化和包容性。适当地运用技术可以激发学生学习的自主性，延长学习时间，并提高学习效率。学生可以借助技术对学习资源进行整合利用，提升创新和思维能力。技术还可以帮助学生进行自我反思与评价，及时调整学习方法，提高解决问题的能力。技术有助于创设和维护新型的学习生态环境。技术在学习中扮演多重角色，可以作为媒体传递知识信息、监控学习过程、加工处理信息资料，以及促进学习者之间的交往互动。多重身份的技术应用有助于创建多样化的学习环境，提供更多的学习机会和资源，为学习者提供更灵活和个性化的学习体验。

（二）以技术为学习工具的概述

学习工具作为有益于学习者查找、获取、处理信息，进行交流协作，以及建构知识的媒介，一直以来在教育领域扮演着重要的角色。学习工具的类型多种多样，但在信息化时代，信息技术作为一种学习工具，对教学模式的建构与实践具有至关重要的作用。信息技术作为学习的工具，使学生能够利用技术进行学习，给学生提供了丰富的学习资源和途径。在信息化教学设计与应用中，教师应该发挥个体与技术相应的认知功能，结合两者的功能优势进行设计变革。在教育中，教师需要考虑到教学中的复杂性任务和学生可能不具备解决问题的能力的情况。在教学设计中，教师可以运用各种认知工具开展恰当的思维活动，以拓展学生的能力并提供相应的绩效支持。认知工具种类繁多，教师可以在教学过程中融入相应的认知工具，为学生提供技术支持，帮助他们更好地认识和理解问题的本质。另外，信息技术还可以为学习者提供系列计算机介质通信（CMC）的方式，促进信息的传递与共享，方便学生之间的交流与合作。学习不仅仅是个体活动，也需要注重群体之间的协同合作。通过计算机介质通信系列工具提供的交流平台，学生可以共享工作室空间，在全区甚至全世界范围内进行社会性交流和知识共享。协同合作的方式可以帮助学生共同探讨问题，分析总结最佳答案，并在共同讨论中深入研究和探索同一问题。因此，学习者可以充分利用计算机介质通信技术，对同一个问题进行深入的研究和探索，从而更好地解决问题。信息技术作为学习工具，提供了丰富的资源，促进了学生之间的合作和交流，有助于建构知识和提高学习效率。

第四节 高校信息化教学模式创新的探索

一、高校新型教学模式理论框架的成分

（一）多模态、多媒体与多环境的理论阐释

1. 多模态理论

多模态学习是一种学习方式，涉及多个感官的参与，包括味觉、触觉、嗅觉、听觉、视觉等。多模态学习方式旨在通过调动多种感官，为学生提供多样化的学习体验，从而增强他们的学习效果。在多模态学习中，学生通过多个感官来感知和理解信息。例如，他们可以通过视觉观察图表和图像，通过听觉聆听讲座和音频，通过触觉和动作参与实验和实际操作，多感官的参与有助于学生更全面地理解和吸收知识。多模态学习还可以帮助学生将所学的知识内化为自己的知识体系。通过不同感官的参与，学生可以更深入地思考和处理信息，从而更好地理解和记忆所学内容。例如，通过实际操作和动手实践，学生可以将抽象的概念转化为具体的经验，从而更容易记忆和运用这些知识。多模态学习还可以提高学生的兴趣和参与度，使学习变得更加生动和有趣。学生可以更容易地与学习内容产生情感联系，从而更积极地参与学习过程。

2. 多媒体理论

多媒体学习是一种学习方法，利用多种逻辑媒介来传达信息和知识。逻辑媒介是指为承载内容而使用的编码手段，包括文字、图像、数

字音频流、模拟音频流和视频流等。在多媒体学习中，此类逻辑媒介可以同时被使用于同一内容，从而创造出丰富的学习体验。物理媒介是承载内容的物理介质，如纸张、光盘和磁带，它们是媒介的物理形式。而逻辑媒介是为了承载内容而使用的编码手段，如文字、图像、音频和视频，它们代表了内容的不同表现形式。因此，一个多媒体材料可以在物理媒介上是单一的，如光盘，但在逻辑媒介上包含了多种编码手段，如文字、图像和音频。多媒体学习的关键在于多种逻辑媒介的结合，将文字、图像、音频和视频等多种逻辑媒介相互组合，可以创造出更为生动和多样化的学习内容。例如，一个多媒体教育软件可以包括文字说明、图像示例、音频解释和视频演示，如此，学生可以通过不同的逻辑媒介来理解和吸收知识。多媒体学习与多模态学习有着密切的联系，多模态学习强调通过调动多种感官来参与学习过程，而多媒体学习正是通过多种逻辑媒介来实现多模态学习的目标。通过多媒体学习，学生可以同时获得文字、图像、音频和视频等多种媒体的信息，从而调动多种感官参与学习。

3. 多环境理论

学习环境有多种不同类型，而学习行为通常发生在多种环境的混合状态中。在高校教学中，教师应该努力创造更有利于学习的环境，使学生能够更轻松地进行模态转化，丰富他们的学习体验。考虑到环境因素的多样性，采用多环境下的学习集成型模式是一种可行的方法，将各种不同的环境因素纳入学习环境的构建范围，以促进形成更全面和多元化的学习体验。多环境学习模式可以为学生提供不同的学习框架和机遇，不同的学习环境可以激发学生不同的感官和认知，从而帮助他们更好地理解和吸收知识。

（二）计算机技术与大学课程的生态化整合理念

计算机技术与大学课程的生态化整合理念强调通过整合计算机技术和各个学科的课程来创造数字化的学习环境，从而形成更加灵活和有效的教学方式。计算机技术与课程的生态化整合旨在营造信息化教学环境，意味着利用计算机和信息技术的工具和资源，为学生提供多样化的学习环境，包括数字化教材、在线学习平台、多媒体资源等，有关工具可以丰富教学内容，使学习更加生动和有互动性。

二、高校新型教学模式理论框架的核心

在现代化技术高速发展的背景下，教育领域涌现出了多种教学理念，其中包括生态化整合理论、多模态理论、多媒体理论以及多环境理论。它们均以建构主义的知识观为理论基础，致力提升教育的效果，使学习更具深度和广度。生态化整合理论强调了将信息技术融入教育中，以创设数字化的学习环境。该理论基于建构主义知识观，认为知识的构建是一个动态的过程，而教学应该提供一个有利于学生构建知识的环境。生态化整合理论强调了信息技术的应用，以及学习环境的重要性，提倡教师和学生共同参与教学活动，形成一个学习共同体。此理念与多模态、多媒体、多环境理论的核心概念相契合，即创设多样化的学习方式和环境，促进学生进行深入的学习和理解知识。多模态理论强调了多种感官的参与，以丰富学习体验，认为学习者可以通过多种感官（如视觉、听觉、触觉等）获取信息，并将有关信息整合成综合的体验。多模态教育可以帮助学生更深入地理解和内化所学的内容，与生态化整合理论的核心思想相辅相成，因为创设数字化的学习环境通常包括多种感官的参与，以提供丰富的学习体验。多媒体理论强调了多种媒体的应用，以传达信息。不同的媒体（如文字、图像、音频、视频等）可以用于传达不同类型的信息，从而更好地满足学习者的需求。多媒体教育可以提供多样化的学习资源和工具，以支持学生的学习，与生态化整合理论的

目标一致，即通过融合信息技术来创设数字化的学习环境，提高教育的效果。多环境理论强调了学习环境的多样性和灵活性，认为学习发生在多种环境中，学生可以从不同的环境中获得不同的学习机会。多环境教育可以帮助学生适应不同的学习情境，并提供更多的学习机会。

（一）学习环境的有效创设

在现代教育领域，多模态、多媒体、多环境理论以及计算机技术与大学课程的生态化整合理念都以建构主义的知识观为基础，强调创设有利于学习的环境，提供多样化的学习方式，以提升学生的学习体验和效果。诸多理论在教育中共同构建了一个更加细致、有机的教育框架。多模态、多媒体、多环境理论关注学习环境的创设，旨在使环境更有利于进行模态的转化，以及提供多模态的丰富体验。多模态理论认为学习者可以通过多种感官参与学习，如视觉、听觉、触觉等，以丰富学习体验。多媒体理论则强调使用多种媒体形式来传达信息，如文字、图像、音频、视频等，以满足学习者的多样化需求。多环境理论则着重于多样化的学习环境，认为学习发生在不同的环境中，学生可以从中获得不同的学习机会，共同关注如何通过环境的设计和创设来促进更有深度和广度的学习。计算机技术与大学课程的生态化整合理念要求创设数字化的学习环境，以便更好地利用信息技术进行教学。该理念强调了教学环境的数字化转型，以适应现代社会的需求。同时，建构主义的教学理念认为学习环境应该有利于意义的构建和交流讨论，意味着学习环境不仅要具备技术支持，还需要具备教育性质，以促进学生之间的合作和讨论。因此，计算机技术与大学课程的生态化整合理念和建构主义理念在环境设计方面是一致的。三种理论在教育实践中可以相互融合和促进，多媒体学习有助于多模态学习的实现，多媒体教育可以结合文字、图像、音频和视频等多种媒体形式，以满足学习者的多感官需求，促进模态的转化，而多媒体学习通常需要数字化的学习环境，与计算机技术与大学课程的生态化整合理念相契合。该教育理论框架更加系统和细致，相对于单一的理论具有更高的操作性。它在教育中的应用不仅仅基于哲学立场，还具有理论层级的支持，使得教育者可以更容易地将这一框架应用到实际的教学模式中。同时，模态转换学习假说作为一个具体的理论概念，可以被测量、分离和控制，使其更容易实现和验证。

数字化环境的崭新特征为多模态学习提供了必要条件，数字化环境的创造和使用依赖计算机和网络技术，有关技术使得视频和音频资源能够被方便地收集、存储、整合、处理、应用和传输。数字化环境的形成自然地引导了多模态学习的兴起。建构主义理论认为知识是一种社会建构，是通过个体经验和与他人协商凝聚共识而形成的，强调了互动和交流的重要性。因此，通过计算机和网络技术构建数字化学习环境能够显著促进意义和知识的构建过程。数字化环境通过计算机和网络技术的应用，提供了多模态学习所需的丰富的学习资源，学习者可以轻松地访问文字、图像、音频和视频等各种媒体形式的教育内容。多媒体的学习资源丰富了学习的体验和方式，使学习更加多元化和有趣。学习者可以根据自己的学习偏好和需求选择不同的媒体来获取知识，从而更好地理解和掌握学习内容。数字化学习环境鼓励和促进了师生之间以及学生之间的互动和交流。建构主义理论认为，知识的建构是一个社会过程，需要通过个体之间的互动和合作来实现。计算机和网络技术提供了在线讨论、协作工具和虚拟学习社区等平台，使学习者能够与他人共享观点、讨论问题以及共同建构知识。

（二）教学结构的有效转变

在传统的教学模式中，教师被视为主动的知识传递者，而学生被动地接受知识。传统教学方式注重教师的教导，学生的角色相对被动。然而，建构主义理论提出了不同的观点，认为教师和学生都应该作为教学主体参与进来。在计算机技术与大学课程的生态化整合理念中，教师仍然扮演着主导的角色，但学生被视为教学的主体。该理念强调了数字化学习环境的创设，以营造更有利于学生参与和互动的教学氛围。教师利用计算机技术为学生提供丰富的学习资源和工具，同时鼓励学生积极参与在线学习和协作。在多模态、多媒体、多环境的教学模式中，学生也被赋予主体地位。教师的角色更像创设者和引导者，他们致力构建多样化的学习环境，以提供给学生丰富的学习体验。

第四章 信息技术背景下的高等教育教师专业化培养

第一节 信息技术背景下的高等教育教师专业发展

一、高等教育教师专业发展

教师专业发展是教育领域的一个永恒主题，关乎教育质量的提升和学生学习成效的优化。不同的学者对教师专业发展有着不同的理解，但归根到底，教师专业发展的核心是教师的持续成长和进步。这一进步不仅仅体现在知识和技能的提升上，更重要的是教师专业意识的觉醒、专业能力的提高，以及专业精神的培养。在教师的职业生涯中，专业发展是一个动态的、持续的过程，涉及教师个人知识结构的更新、教学理念的转变，以及教学技能的提升等多个方面。对于教师来说，专业成长的过程既是自我更新的过程，也是对教育实践的不断探索和思考的过程。教师的专业意识是专业发展的基础，包括对教师职业责任的认识、对学生学习需求的敏感度以及对教育变革的适应性等。教师需要树立终身学习的观念，不断地更新自己的知识体系，以适应教育发展的需要。提高专业能力是教师专业发展的必然要求，包括提高教学能力、研究能力、沟通能力等。教师除了要掌握扎实的学科知识，还要具备设计和实施有效教学的能力，能够采用多样化的教学方法和策略来满足学生的不同学习需求。同时，教师需要具备一定的研究能力，通过参与或开展教育研究，不断探索和实践新的教学理念和方法。培育专业精神是教师专业发展的高阶目标。专业精神涵盖对教育事业的忠诚、对学生的关爱、对同行的尊重，以及对自我成长的追求等。拥有强烈的专业精神的教师能够在教育实践中保持高度的热情和积极性，对学生进行有效的教育和引导。具备专业发展意识，是教师走向专业成熟的标志。这意味着教师要有向上的职业追求，能够主动寻找专业发展的机会，如参加各种培训、研讨会、教育项目等，不断拓宽自己的专业视野，提高自己的教育教学水平。

二、信息技术条件支持下的高等教育教师专业发展新要求

在信息技术高速发展的今天，教师专业发展面临着前所未有的机遇与挑战。信息化重新定义了教师的角色，要求教师持续提升自身的信息素养。为适应这一变革，教师需要积极掌握新技术，利用信息化资源丰富教学内容和方法，同时通过不断学习和实践，提高解决问题的能力，以更好地指导和激励学生学习，确保教育质量在信息化背景下的持续提升。

（一）重新定位教师角色

信息化时代促进了课程与教学改革，对教师角色提出了新要求。

1. 导师角色

随着互联网和各类数字资源的普及，学生可以轻松地获取海量的信息和知识，此变化使得传统的教师作为知识的主要传递者的角色受到挑战。然而，此变化并没有削弱教师的重要性，反而使教师提升为导师的角色，强调了教师在学生学习过程中的引领和指导作用。作为导师，教师应更加侧重引导学生如何学习，帮助他们创建正确的学习方法，培养批判性思维和创新能力。引导、指导、诱导、辅导和教导五个方面共同构成了教师导师角色的核心，要求教师引导学生探索知识，鼓励学生独立思考，激发学生的学习兴趣。

2. 终身学习者

教师不仅扮演着知识的传递者和学生学习的引导者的角色，更是终身学习者的典范。信息技术的快速发展带来了教学方式的变革，也对教师提出了更高的专业发展要求。为了适应教育的发展趋势，满足学生对高质量教育的需求，教师必须持续学习，不断更新自己的知识储备和教学策略。幸运的是，信息技术的发展也为教师提供了丰富的学习资源和便捷的学习方式。通过学习网络课程、参与在线研讨会、查阅电子图书等多种形式，教师可以灵活安排自己的学习时间和学习内容，更有效地进行个性化学习。有关技术手段拓宽了教师学习的途径，极大提高了学习效率。

3. 信息资源的设计者与查询者

新时代对教师提出了更高的要求，即不仅要会使用信息技术进行教学，还要在庞大的信息网络中快速精准地筛选、整合对学生学习有益的资源。为满足学生建构主义学习的需求，教师需成为信息资源的有效设计者和查询者，从而促进学生的主动学习和深入思考，帮助学生构建对知识的深层次理解。通过精心设计的信息资源，教师能够引发学生的探究欲望，激发他们的学习兴趣，从而促进学生能力的全面发展。因此，教师在信息技术的辅助下，应积极探索和尝试新的教学方法和技术，不断提高自己的信息素养，以便更好地满足学生的学习需求，为他们提供一个富有挑战性和探索性的学习环境。

4. 课程教学的设计者与开发者

教师作为课程的设计者与开发者，面临着更新课程内容、整合新知识和技能的重要任务。这要求教师紧跟社会的发展趋势，并且灵活应用现代教育理论，如建构主义，来指导课程的改革和创新。

（二）提高教师信息素养

高水平的信息素养不仅能够使教师更有效地获取、处理和应用信息资源，优化教学内容和方法，还能够通过示范和教学实践，引领和提升学生的信息素养，为学生适应未来社会打下坚实的基础。因此，教师必须意识到提高信息素养的重要性，积极掌握最新的信息技术，不断更新教育观念和教学方法。通过终身学习和实践，教师应不断提升自己的信息处理能力、信息技术应用能力和信息道德意识，适应信息社会发展需要。

三、信息技术在教师专业发展中的作用

（一）促进教师个体专业的发展

信息技术在教师专业发展中作为个人学习和认知的工具，为教师提供了自我反思和实践的平台。教师通过利用信息技术，能够更好地管理自己的学习进程，定制个性化的发展路径。信息技术的应用使教师能够有效整理和更新个人知识库，促进专业成长。

1. 信息技术帮助教师认识个人专业的发展

信息技术的普及为教师的学习和成长提供了丰富的资源和便捷的途径，并极大地提高了教师对自身专业发展重要性的认识，从而激发了他们追求终身学习目标和不断进步的动力。信息技术提供了理论指导和技术支持，使教师能够接触最新的教育理念和教学方法。教师可以通过网络平台轻松知道国内外的教育研究成果，了解教育领域的最新动态，从而不断更新自己的教育理论知识和教学技能。交流工具如微信、QQ 等，为教师提供了与同行交流和合作的平台。教师可以通过有关工具分享自己的教学经验，讨论教育教学中遇到的问题，从其他教育工作者那里获得反馈和建议，形成专业学习社群，共同进步。信息技术使教师能够有

效地管理个人知识。教师可以利用数字化工具整理和归纳自己的教学资料、研究笔记和专业学习的资源，建立个人的知识库，便于随时查阅和复习，促进知识的内化和深化。

2. 信息技术为教师专业发展提供技术支持

在当代教育领域，信息技术成了教师专业发展的有力工具，尤其在促进教师反思和实践方面发挥着重要作用。利用信息技术，教师可以通过网络平台分享自己的教学经历、反思和研究，为个人提供深度反思的机会，也为同行提供学习和借鉴的资源。此外，此类平台还能够促进教师与教育专家之间的互动，使教师能够及时获取行业内的最新动态和专业知识，进而吸收和融合他人的教育经验，以此来不断优化和升级自己的教学策略和方法。

3. 信息技术为教师个人专业发展提供管理支撑

信息技术提供了丰富的资源和平台，可以促进教师个人知识的更新和扩展，为教师个人专业发展的管理提供了便利。信息技术使教师能够通过多媒体课件、网络课程等资源，突破时间和空间的限制，参与远程教育和在线学习。信息技术为教师持续的专业成长和知识更新提供了便捷的途径，使教师能够及时了解和掌握最新的教育理论和教学方法。信息技术为教师个人知识管理和研究活动提供了强大的工具。教师可以利用数字技术将自己的教学资源、研究成果进行整理和归档，通过建立个人或团队的网络平台进行知识的共享和交流，提高工作的效率，促进知识的积累和创新。

（二）信息技术助推教师群体专业的发展

信息技术融入教育领域，尤其是在推动教师群体专业发展方面，展现了不可忽视的力量。教师作为学校教育的直接实施者，其个人的成长与发展对提升教育质量至关重要。现代信息技术，尤其是虚拟学习环境的开发与应用，为教师群体提供了一个全新的协作平台。信息技术促进了教师之间知识与经验的共享，进一步推动了教师专业技能和集体智慧的提升。在信息技术环境中，教师可以自由地交流教学心得，共同研究教育难题，并在群体中寻找解决方案，实现知识的累积与创新。信息技术为教师提供了持续学习和自我发展的机会，使得教师能够跨越地理界限，参与到更广泛的专业发展活动中。

四、基于信息技术支持下的高等教育教师专业发展趋势

（一）多元化实现路径

如今教师专业发展的途径正变得日益多样化，为教师个人的成长提供了更广阔的空间，并且为教育实践的创新与改革开辟了新的路径。教师专业发展的途径主要可以从以下几个方面体现出来。信息技术提供的交流平台极大地促进了教师与教师、教师与专家学者之间的互动交流，在线论坛、社交媒体和视频会议等平台与技术手段，使得教师能够跨越时间和空间的限制，轻松地与国内外同行分享经验、探讨教育难题和交流最新的教育研究成果。实时互动拓宽了教师的视野，也为教师提供了持续学习和自我更新的机会。校本研修活动在信息技术的支持下，能够更加高效和深入地开展。通过利用网络平台和数字资源，校本研修不再局限于面对面的交流和学习，而且能够通过参与线上的课程、研讨会和工作坊等形式，实现资源的共享和知识的传播。校本研修不仅能使教师根据自己的需求和兴趣选择学习内容，还能够鼓励教师积极参与学校的教育改革和课程开发，从而提高学校整体的办学水平和教师队伍的专业能力。教师学习共同体的形成为教师提供了一个相互学习和共同成长的平台。在由教育论坛、社交网络群组构成的共同体中，教师可以自由地发表观点、分享教学材料和策略，以及探讨教育政策和实践经验。

（二）综合化发展模式

信息技术的广泛应用为教育带来了前所未有的变革，要求教师不仅要精通传统的教学方法，还需掌握将技术融入教育的新策略。因此，探索一种综合化的发展模式成了教师专业成长的必然选择。综合化的发展模式要求教师在理解和掌握信息技术的基础上，进行有效的技术整合，涉及教育目标的设定、教学模式的创新，以及合作探究的方式等。在此过程中，教师需将信息技术作为教学和学习的增强工具，深入探讨如何利用这些技术提高教学质量和学生的学习效率。综合化的发展模式也意味着教师需要在新旧教育模式之间找到平衡。虽然信息技术提供了新的教学手段和资源，但传统的教学理念和方法仍然具有不可替代的价值。因此，教师的专业发展应该在继承和发展传统教育精华的基础上，融合信息技术带来的新理念和新方法，形成一种新旧融合、多元共存的教学实践模式。

（三）评价方式的动态化与全面化

随着信息技术的迅速发展，教育管理者有了更多机会利用信息技术手段对教师的教学活动进行实时、准确和全面的记录与评估。此种评价不仅包括教师的教学实践，还涵盖其学习和反思的过程，使评价活动能够全方位地捕捉到教师专业发展的各个环节。利用现代信息技术工具进行教师评价，意味着可以通过电子日志、视频记录、在线反馈等多样化的数据收集方法，综合评估教师的教学效果、学习态度和专业成长。此评价方式比传统的观课和考试更加客观和全面，能够真实反映教师的工作状态和专业发展需求。动态化的评价体现在评价过程的连续性和时效性上，它能够及时反馈教师的教学表现和专业进步，为教师及时调整教学策略和提升专业技能提供依据。全面化则体现在评价内容的多维度上，关注教师的教学技能和学科知识，以及其教学理念、反思能力和学习态度等非技能方面，更全面地支持教师的个人和职业成长。

（四）个体专业发展转向群体专业发展

在当代教育领域，教师专业发展的模式正在经历着显著的转变，从侧重教师个体的发展逐渐向群体或团队发展的方向演进。此变化反映了一个核心认识：单靠个别或少数优秀教师的努力，难以实现学校整体教学质量的提升和学校特色的形成。因此，教师群体专业的发展和学校组织文化的建设，成为提高教学质量的关键。教师群体专业发展意味着每位教师技能和知识的提升，也指团队合作与共享经验的过程。以团队合作的形式，教师能够相互学习，共同解决教学中遇到的问题，创新教学方法，从而实现教学质量的整体提升。此外，团队中的互助和支持还能增强教师的归属感和满足感，进一步促进其专业成长。学校组织文化的建设是群体专业发展的一个关键因素，积极向上的组织文化能够激励教师积极参与团队的合作与交流，共同探索和实践新的教学理念和方法。积极向上的组织文化的建设，需要学校管理层的支持和引导，通过制定相应的政策和措施，鼓励教师的创新和尝试，为教师提供一个安全、开放的学习和交流环境。在信息化时代背景下，适应信息化学习环境、资源和方法成为教师专业发展的必要条件。教师需要掌握如何有效地利用信息技术，将其融合进课程教学中。这不仅能够提高教学效率，还能丰富教学内容，满足学生多样化的学习需求。教师应不断学习和更新与信息技术相关的知识和技能，同时学校应该提供必要的技术培训和支持。

第二节　新时期教育信息化战略规划人才与培养

一、新时期教育信息化战略规划人才的概述

（一）新时期教育信息化战略规划人才的概念

教育信息化战略规划人才代表了教育领域中高层次、复合型人才，

此类人才涉及教育信息化的战略规划、发展规划、发展趋势和政策研究与制定等关键领域，而且在教育信息化人才体系中占据着重要位置。他们的工作重点在于为教育信息化的长远发展提供战略性的指导和规划，既包括技术层面的洞察和应用，也涵盖了管理和政策制定。教育信息化战略规划人才的复合型特征，要求他们有深厚的技术知识背景，以适应教育信息化快速发展的技术需求，同时必须具备管理知识和能力，能够在教育信息化项目的规划、实施过程中进行有效管理。

（二）新时期教育信息化战略规划人才的特点

由于教育信息化战略规划人才的工作内容具有特殊性，此类人才展现出一些与众不同的特征，使他们能够有效地从事教育信息化战略规划的相关工作，成为推动教育信息化发展的关键力量。大多数教育信息化战略规划人才并非专职从事该领域的研究和规划工作，而是兼职人才，这意味着他们在从事教育信息化战略规划的同时，还需要承担其他职责，如管理、教学和研究等。兼职性要求他们能够在多个领域内灵活工作，同时为他们提供了从不同角度理解和解决问题的条件。教育信息化战略规划人才必须具备开阔的视野、灵活的思维和强烈的前瞻性，他们需要预见未来教育信息化的发展趋势，为教育机构的长期发展制定战略规划。前瞻性要求他们深入了解当前的教育和技术发展状况，预测未来可能出现的变化和挑战。教育信息化战略规划工作往往需要进行跨学科、跨部门的合作。因此，此类人才必须具备良好的协同工作能力，能够有效地与不同领域的专家和团队合作，共同推进教育信息化项目的实施。此种协同性有助于整合各方资源，促进知识和技能的交流与共享。教育信息化战略规划人才还需要具备强大的思维能力，尤其是宏观思维能力和系统思维能力。他们需要能够从宏观的角度审视教育信息化的整体发展，同时，通过系统思维理解教育信息化各个组成部分之间的相互关系和影响，以制定出全面、有效的战略规划。

（三）新时期教育信息化战略规划人才的作用

教育信息化战略规划人才是教育信息化发展的中坚力量，也是引领未来发展方向的关键人物。在教育信息化的不断进步与发展中，他们的作用可以从多个方面进行深入分析。教育信息化战略规划人才是确保教育信息化可持续发展的重要保障。他们通过深入研究教育信息化的发展趋势和挑战，制定出科学、合理的战略规划，为教育信息化的长期发展提供指导。战略性的思考和规划能够帮助教育机构最大限度地发挥信息化技术的功能和效益，提升教育质量和效率。作为教育信息化的设计师与引领者，教育信息化战略规划人才在确定教育信息化的发展方向和重点领域方面起着决定性作用。他们不仅负责设计和规划教育信息化的研究课题，还引领着教育信息化研究的方向，确保教育信息化发展的科学性和前瞻性。教育信息化战略规划人才的专业水平直接影响到教育信息化战略规划的质量。高水平的规划人才能够制定出高水平的战略规划，从而为教育信息化的发展提供强有力的支撑，确保教育信息化沿着正确的方向前进，最大限度地减小发展过程中的偏差。教育信息化战略规划人才在各级各类教育管理部门、教育信息技术中心、学校和企业中，承担着教育信息化战略规划的研制工作。他们通过不断研究和实践，推动教育信息化策略的实施，是实现教育现代化的领军人物。

（四）新时期教育信息化战略规划人才的胜任能力

1. 新时期教育信息化战略规划人才应具备的知识结构

教育信息化战略规划人才站在教育改革和技术革新的前沿，应深谙技术知识，并具备跨学科的综合素养和宽阔的视野。此类人才的知识结构必须全面且多元，能够整合战略规划学、教育学、教育技术学、管理学等多个学科的理论与实践知识，形成坚实的理论基础和广阔的学科视野。跨学科的知识结构使教育信息化战略规划人才能够全面分析和理解教育信息化实践活动中遇到的复杂问题，从多个角度和层面提出创新的解决方案。他们能够利用战略规划学的原则，结合教育学的理念，通过教育技术学的工具，以管理学的方法进行有效的规划和执行，同时应用系统科学和协同学的思想，优化教育信息化的整体结构和运行机制。教育信息化战略规划人才需要具有扎实的理论知识以及较强的实践能力，能够在教育信息化的具体实践中运用相关理论，解决实际问题。他们应当能够准确把握教育信息化的发展趋势和动态，基于对未来教育场景的预测和准备，引领教育信息化的方向，推动教育的持续创新和发展。拥有开阔视野的教育信息化战略规划人才能够打破单一学科的局限，采取综合、创新的思维方式面对教育信息化过程中的挑战和机遇，提出具有前瞻性的策略和方法。

2. 新时期教育信息化战略规划人才应具备的基本素养

在 21 世纪这个信息化与数字化时代，教育信息化战略规划人才的角色变得尤为关键。他们不仅是教育信息化发展的设计师和引领者，更是实现教育现代化的重要力量。为了胜任这一角色，教育信息化战略规划人才需要具备一系列综合素养，包括信息素养、专业素养、职业素养和思维素养，这些有关素养共同构成了他们成功推动教育信息化战略规划实施的基础。信息素养是数字化时代的基石，涵盖信息意识、信息能力和信息伦理三个方面。具备高度的信息意识意味着教育信息化战略规划人才能够敏锐地捕捉信息社会的发展趋势，准确判断信息的价值，安全高效地获取、处理和传播信息。同时，他们必须遵守信息伦理，确保信息的合理使用，维护网络环境的健康发展。专业素养是教育信息化战略规划人才的核心竞争力，包括跨学科的理论知识和实践能力。他们需要掌握战略规划学、教育学、教育技术学等相关学科的知识，具备制定和执行教育信息化发展规划的能力。通过深入研究，他们能够为教育信息化的发展提供科学的理论支持和实践指导。职业素养反映了教育信息化战略规划人才的职业态度和行为准则，包括对教育信息化发展的责任感、高尚的职业道德以及良好的职业行为。他们应当具备推动社会和人类发展的使命感，面对教育信息化战略规划中的挑战，能够秉持平等、共赢的原则，促进各方共同进步。思维素养是教育信息化战略规划人才处理复杂问题的关键，包括宏观思维、系统思维、创新思维等多种思维模式。良好的思维品质和习惯能够帮助他们有效应对教育信息化发展过程中的各种挑战，实现教育信息化的目标。

3. 新时期教育信息化战略规划人才应具备的基本能力

在当下数字化时代，教育信息化是教育发展的必然趋势，也是提升国家竞争力的关键。在此背景下，教育信息化战略规划人才成为推动教育信息化进程中不可或缺的重要力量。他们需要具备多方面的基本能力，以应对教育信息化发展中的各种挑战和机遇。教育信息化领导力是教育信息化战略规划人才的核心能力之一。教育信息化领导力不仅体现在对教育信息化趋势的敏锐洞察和正确引领上，还包括能够激励和带领团队克服困难，创新实践，实现教育信息化的目标和愿景。领导力的具体表现还包括制定清晰的教育信息化战略规划，明确发展方向，以及在实施过程中进行调整和优化。在快速变化的信息化环境中，持续学习和自我更新是教育信息化战略规划人才的必备能力。学习力不仅包括获取新知识、新技术的能力，还涉及将这些新知识、新技术应用于实践解决问题的能力。教育信息化战略规划人才应具备强大的学习动力和毅力，能够适应不断变化的信息化环境并成长。在教育信息化战略规划中，面对复杂多变的情况，强大的决策力显得尤为重要。教育信息化战略规划人才要能够基于充分的数据分析和科学的方法，做出合理、有效的决策。同时，他们在决策过程中需考虑各种可能的风险和不确定性，制定应对策略，确保教育信息化战略规划的顺利实施。教育信息化战略规划的成功实施，在很大程度上取决于规划人才的执行力。执行力涉及将战略规划转化为实际行动的能力，包括有效管理资源、协调各方力量、监督实施过程等。教育信息化战略规划人才需要具备将规划落到实处的能力，确保每一步行动都能够推动教育信息化目标的实现。管理能力是教育信息化战略规划人才必须具备的能力之一，包括对教育信息化项目的整体规划和管理，并涉及团队管理、风险管理、绩效管理等多个方面。教育信息化战略规划人才应能够合理分配资源，有效应对风险，提升团队协作和执行效率。在推进教育信息化战略规划实施的过程中，沟通协同能力是保证项目顺利进行的关键。教育信息化战略规划人才要能够与各方有效沟通，包括内部团队成员、管理层、技术人员，以及外部合作伙伴等，确保信息的准确传递和理解。良好的沟通协同能力还包括能够协调各方利益、处理冲突、促进团队合作，从而提高教育信息化战略规划的效率。教育信息化战略规划人才必须具备预测能力，能够基于现有的数据和趋势，对教育信息化的未来发展方向进行准确预测，有助于在制定战略时考虑到未来可能出现的变化和挑战，从而制定出更为灵活和具有前瞻性的规划方案。评估能力是推进教育信息化战略规划实施过程中的另一个关键能力，主要包括对教育信息化现状的准确评估，对实施过程中的进展和效果进行持续监控和评价，以及对最终成果的效益进行分析。通过有效的评估，教育信息化战略规划人才可以及时调整和优化规划策略，确保教育信息化目标的实现。

二、新时期教育信息化战略规划人才的有效培养

战略规划人才的培养有着一定的难度，培养教育信息化战略规划人才应从下面几点着手。

（一）重视培养教育信息化战略规划人才

在数字化时代背景下，教育信息化已成为推动教育变革和发展的关键力量。然而，教育信息化的实现离不开精准的战略规划和高素质的战

略规划人才。目前，对教育信息化战略规划人才的重视程度不足，对其培养缺乏系统性和针对性，已成为教育信息化深入发展的瓶颈。教育信息化战略规划工作的专业性和复杂性要求从事该项工作的人才不仅要具备教育、信息技术等多领域的知识背景，还需具备战略思维、决策分析等能力。教育信息化战略规划的质量直接影响到教育信息化建设的方向和效果，专业化程度不高的战略规划人才难以进行科学合理的战略分析和规划，进而影响教育信息化项目的实施效果。因此，加强教育信息化战略规划人才的培养显得尤为迫切，首要任务是建立和完善教育信息化战略规划人才培养体系，明确人才培养的目标、内容和方法。

（二）创设教育信息化战略规划学

随着教育信息化的深入发展，专业化、系统化的教育信息化战略规划人才的需求日益增长。在此背景下，创设教育信息化战略规划学成了应对这一挑战的重要举措。尽管在学科初创阶段会遇到种种挑战，如人才培养目标的定位、课程资源的建设、师资队伍的组建等，但诸多问题的存在也正标志着一个新学科从无到有、从模糊到清晰的发展过程。教育信息化战略规划学的创设，意味着将教育信息化战略规划的理论研究、方法应用及实践操作等内容系统化、学科化。这有助于提升教育信息化战略规划学的专业水平，并且为教育信息化领域培养出更多高素质、专业化的人才提供了可能。鉴于当前教育信息化战略规划人才多具兼职性特点，直接设立本科教育或许尚不适宜，但通过招收硕士生、博士生，设立博士后科研流动站和博士科研工作站等方式，可以为该领域的深入研究和高层次人才的培养提供有效途径。此外，通过高等教育层次的培养，教育信息化战略规划学将吸引更多对此领域感兴趣的优秀学者和学生，为学科的发展注入新鲜血液。

（三）开设教育信息化战略规划系统课程

开设高质量的教育信息化战略规划系统课程能够培养专业人才。此类课程应涵盖从基础理论到实际应用的全方位内容，旨在提升学员对教育信息化趋势的理解、策略规划的能力，使其学会在实际情境中的应用技巧。通过系统学习，学员能够掌握如何有效地制定和实施教育信息化战略，进而推动教育领域的创新与发展。因此，开设教育信息化战略规划系统课程，是提高人才培养质量的关键步骤。

（四）强化教育信息化战略规划研究

强化教育信息化战略规划研究是当前教育信息化发展的迫切需求。目前，虽然已经有部分专家学者投身此领域的研究，但整体来看，相关研究成果仍然不足，尤其是在教育信息化战略规划的理论框架、实施方法、人才培养策略及效果评估等方面。此外，对国内外教育信息化战略规划的比较研究、课程体系建设、领导力培养以及项目规划和管理等领域的探索也需要进一步加强。通过深化研究，大大丰富教育信息化战略规划的基础理论，还能有效地为实践提供科学指导，从而推动教育信息化的进程。

第三节　信息技术背景下的高等教育教师信息素养结构与提升策略

一、信息技术背景下的高等教育教师信息素养结构

教师信息素养反映了教师在现代信息社会中的适应和应用能力。教师不仅要有效获取、处理和利用信息，还要在信息活动中持有积极的态度和高度的责任感。教师信息素养包括对信息的敏感度、对信息技术的掌握，以及利用有关技术进行创新教学和解决教育问题的能力。

（一）信息意识素养

在信息化时代，信息意识成了教育者必须具备的核心素养之一，是推动教育进步的关键因素。信息意识涉及对信息的敏锐感知、有效判断和深刻洞察，对于教师在教育教学过程中的意义重大。在快速变化的信息化时代，教师需具备前瞻性思维，通过终身学习和创新，不断适应社会的发展需求。教师要持续更新自己的知识库，能够利用信息技术创新教学方法，提高教学效率和质量。强烈的信息获取欲望是信息意识的体现，促使教师主动探索和学习新的信息技术，寻找和利用各种信息资源来丰富教学内容，满足学生的学习需求。在此过程中，教师能够提升自己的信息处理能力，激发学生的信息求知欲，培养他们的自主学习能力。对信息的敏感性和筛选能力是信息意识不可或缺的一部分。在海量信息面前，教师需要具备辨别信息真伪和价值的能力，只有如此，才能有效避免信息过载带来的困扰，精准地利用有价值的信息资源进行教学设计和研究，从而提高工作效率和教学质量。

（二）信息知识素养

信息知识作为信息素养的核心组成部分，对于教师而言，是教育教学必备的基础，也是其不断适应和引领教育信息化发展趋势的关键。信息知识领域的广泛性和复杂性要求教师在多方面拥有扎实的理论基础和实践能力，其中包括基本信息知识、外语知识、课程整合知识、网络知识和多媒体知识。

（三）信息能力素养

高等教育教师信息能力素养囊括了基本信息能力和教育信息能力两大方面。

1. 基本信息能力

在当今信息爆炸的时代，基本信息能力已成为人们日常生活和工作中不可或缺的一部分。教师的基本信息能力不局限于基本的计算机操作，还涉及如何高效地搜集、处理、应用及创新性地利用信息。信息系统的应用能力是基本信息能力的基石，要求高等教育教师能够操作信息系统的硬件，更要求高等教育教师能够熟练使用各类软件工具。这意味着高等教育教师需要具备在多种信息环境下工作的能力，如能够熟练使用多媒体计算机、网络通信、在线查询和浏览工具。基本信息能力的培养能够提高高等教育教师的工作效率，也为后续的信息处理和应用打下坚实的基础。信息搜索获取能力则更侧重信息的检索和筛选，在海量的信息资源中，如何快速准确地找到所需信息，是信息搜索获取能力培养的核心，这主要取决于教师对信源的熟悉程度，以及对检索工具和方法的掌握情况。教师要了解不同的信息平台，掌握关键词搜索、数据挖掘等高级检索技巧。信息加工能力涉及信息的深度处理，包括分类、理解、综合和评价等多个方面，要求高等教育教师能够获取信息，并对信息进行加工处理，提炼出有价值的内容，并根据需要进行重组和优化。信息加工能力的培养，对于提高信息的使用价值和效率具有重要意义。信息应用能力则是基本信息能力的高级阶段，要求高等教育教师能够将加工后的信息用于实际工作和生活中，实现信息的最大价值，包括优化信息资源、通过多种形式表达自己的思想，以及利用现有信息资源创造新的信息产品。这一能力的培养，不仅能够提高高等教育教师的创新能力和实际操作能力，也能够促进信息资源的再生和循环利用。

2. 教育信息能力

在数字时代背景下，教师的教育信息能力成了衡量其教育质量和效率的重要标准之一。教师的教育信息能力的核心内容涵盖了信息化教学、信息技术与学科教学的整合、教育知识管理，以及信息教育等多个方面的能力，旨在充分利用现代信息技术提高教育教学的质量和效率。进行信息化教学的能力是教师教育信息能力的基础。信息化教学，是指利用计算机多媒体技术、网络技术、人工智能等现代信息技术进行教学的方式。信息化教学方式要求教师熟练掌握相关的技术工具，有效地将这些技术应用于教学实践中，以提高教学的互动性、趣味性和个性化程度。信息化教学的实施，为传统教学带来了革命性的变化，使得教学内容更加丰富多彩，教学方式更加灵活多样，有助于激发学生的学习兴趣和创造力。信息技术与学科教学整合的能力，是在信息化时代背景下基础教育课程改革的一项重要内容，要求教师深刻理解所教学科的课程内容，熟练运用信息技术，实现教学设计的创新。在此过程中，信息技术作为一种认知工具，帮助学生在学习过程中更好地获取信息、探索问题、解决问题和建构知识。通过信息技术与学科教学的有效整合，促进学科知识的学习与信息技术技能的提升，为学生未来的学习和生活奠定坚实的基础。教育知识管理能力，指的是教师在面对庞杂的网络信息资源时，能够及时获取有效的信息，并对其进行加工处理，将各种教学资源转化为规范的知识集合，并进行有效的管理和利用的能力。此能力的培养，要求教师遵循知识管理的基本原则，即积累、共享、交流，能够熟练运用包括知识的生成、编码、转移在内的各种知识管理工具。有效的教育知识管理，可以提高教学资源的利用率，促进教师之间的知识共享和交流，从而提升整个教育组织的知识创新能力和教育教学水平。信息教育的能力，要求教师在自我学习的同时，积极引导学生接受信息技术教育。这意味着教师需要不断提升自身的信息技术应用能力，同时在教学过程中渗透信息教育的内容，鼓励学生积极使用信息技术，进而提高他们的信息素养。

（四）信息道德素养

在信息技术飞速发展的当今社会，信息道德已经成了一个不可忽视的重要议题。随着网络技术的广泛应用，人们在享受信息获取、加工、传输带来的便利的同时，也面临着网络黑客、版权侵犯、个人隐私泄露等诸多挑战。这些问题不仅影响了网络环境的健康发展，也对社会的道德规范提出了新的要求。特别是对高等教育教师这一群体，他们不仅需要具备良好的个人道德修养，还要有能力进行有效的信息道德教育，以引导学生正确使用信息技术，树立正确的信息道德观。

信息道德，简而言之，是指人们在获取、利用信息过程中应遵循的道德思想和行为准则，包括尊重他人的版权、保护个人隐私、避免传播虚假信息等。在信息化社会中，教师是知识的传递者，更是价值观的引领者。因此，教师在面对网络和信息技术时，应当展现出高度的社会责任感，这是信息素养中极为重要的一环。面对庞杂的网络信息，教师应当具备筛选和整合有益信息的能力，优先选择那些对社会有正面影响的信息进行教学和传播，提升教育内容的质量，帮助学生树立正确的信息价值观。更为重要的是，教师需要引导学生学会判断和选择信息，培养他们的批判性思维能力，使他们能够在面对海量信息时辨别真伪，选择有益的内容。

（五）信息创新素养

在竞争激烈的社会中，创新型人才的培养显得尤为重要。高等教育教师作为培养创新型人才的关键所在，需树立创新意识，提升自身创新能力，从而成为学生的榜样。教师的示范和引导可以有效激发学生的创新思维，促进他们创新能力的提升，为社会培育出更多具有创新精神和能力的新一代。

1. 创新意识

教师的创新意识是推动教育进步和学生发展的动力，要求教师保持对传统观念的怀疑态度，敢于对普遍接受的真理进行质疑，从而在日常所见所闻中发现新问题。对新事物的好奇心和探究精神促使教师不断追求知识，深入了解事物的本质和发展趋势。同时，教师需具备敏感察觉问题的能力，能够在常人忽视的情境中注意到存在的问题。对问题的新颖性进行深入分析，并能提出独到而有科学依据的观点，是教师创新意识的体现。

2. 创新能力

在信息技术日新月异的现代社会，教师的创新能力不仅体现在教学方法和手段的创新上，更重要的是能够创造条件，激发和培养学生的创新能力。教育的核心不再是简单地向学生传授知识，而且要激发学生的学习兴趣，调动他们参与课堂的积极性，最大限度地促进他们的创造性思维发展。教师不仅仅要传授知识，更重要的是要教会学生如何学习，包括利用多媒体和信息网络资源，让学生在获取知识的同时掌握适合自己的学习方法。教师要营造良好的创新环境，鼓励学生大胆质疑，积极表达自己的意见和观点，从而培养学生的创新意识。在此过程中，当学生提出的观点存在问题时，教师不应立即进行否定，而是应通过引导帮助学生找到正确的答案，这有利于学生批判性和创造性思维的发展。合理利用多媒体点播系统和网络资源有利于激发学生的创新思维，教师应在进行课程设计时考虑如何利用这些技术手段培养学生的创新能力。通过发掘和设计有利于学生创新能力训练的课题，教师可以培养学生自主发现和解决问题的能力，逐步培养学生独立获取知识和创造性地应用知识的习惯。多媒体和网络资源能使学生对知识有更直观的认识，可通过实际操作加深印象，同时网络浏览能拓宽学生的知识视野，促进学生对知识的深入理解和应用。

3. 创造性思维

首先，教师需要激发自己的发散性思维，寻找日常思维之外的新奇可能性，培养从多角度审视问题的能力。其次，形象思维的培养同样对激发创意至关重要，通过活跃的表象和联想，教师能够突破传统思维的局限。再次，形象思维不应单独发展，而需要与逻辑思维相结合，从而有利于培养更全面的思维能力。教师需通过有逻辑的方式思考，从而提高对复杂问题的分析和解决能力。最后，通过辩证思维的培养，教师能够实事求是地分析问题，做出恰当的判断和决策，应对现实世界的复杂性与多变性。结合以上四个环节的系统训练，教师能够显著强化其创造性思维，从而在教学过程中发挥更大的创新潜能。

二、信息技术背景下的高等教育教师信息素养提升策略

（一）营造良好的信息素养提升环境

在信息化时代背景下，营造一个良好的信息素养提升环境有利于提升教师的教育质量。为此，学校和教育行政部门需要采取一系列有效措施，以确保教师能够在良好的信息素养提升环境中不断提升自身的信息技术能力，进而更好地培养学生的信息素养。成立领导教师信息素养教育工作的专门部门能够确保信息素养教育工作的专业性和系统性，并通过教育行政部门的力量，为教师提供必要的支持和资源。应结合广泛的宣传教育活动，加强教师对信息意识和观念的紧迫性、重要性的认识，从而在全体教师中树立坚定的信息意识与信息观念。在培养教师的信息素养时，应重视加强学校信息基础设施建设。校园网的建设为教师提供了获取和分享教学资源的平台，并且丰富的网络资源为教学提供了更多可能性。计算机中心和现代教育技术中心的建设，更是为教师提供了强大的硬件支持和技术支撑，使教师能够有效利用多媒体和网络资源，提高教学效果。此外，积极引导教师参与信息能力培育的讲座和研讨会，使教师及时了解最新的信息技术发展动态，还能够与不同背景的专家进行交流，分享信息技术在教育教学中的应用经验。这无疑会激发教师的

学习兴趣，提高他们的信息技术应用能力。学校和教育行政部门应出版与信息素养有关的报纸、期刊、书籍，并建立信息技术网站，为教师提供丰富的学习资源和平台，帮助他们在日常教学活动中更好地应用信息技术，提高教学质量。

（二）促进高等教育教师自身观念的转变

提升教师的信息素养离不开教师自身观念的转变。在信息技术日益发达的今天，教师面临着更新教育观念、融合信息技术与教学实践的挑战。培训过程的重点应放在引导教师深刻理解信息技术对教育的深远影响和更新教育理念的必要性上。如此一来，教师能够意识到传统教学模式的局限性，进而积极探索和应用新型的教学方法和技术。此观念上的转变能激发教师的教学创新动力，并极大地提高教学质量，使教育更加适应信息化社会的发展需求。因此，教师应主动拥抱变化，不断学习新知，用开放的心态接受新型教育理念，实现教学方式的革新。

（三）实施不同层次的培训措施

鉴于我国教育发展水平的区域性差异，教师的信息技术素养水平也存在一定的差异，因此，可采用不同层次的培训策略，以满足不同教师群体的需求。基础层次的培训策略是为一些信息技术基础相对薄弱的教师设计的。此层次的培训内容包括信息基础知识、基础的信息操作技能、基本的信息意识教育。应用层次的培训策略则更加注重实用性和针对性，基于任务的培训方式能够使教师结合自己在教学过程中遇到的具体问题来学习和应用信息技术，增强了培训的实效性，也让教师在实际的教学活动中能够更好地整合和应用信息技术。同时，信息技术与学科课程的整合培训让教师了解如何将信息技术作为一种强有力的教学资源来提高学科教学的效果。跨学科的培训方式是教师信息技术素养培训策略的一种高级形式，倡导打破学科界限，促进不同学科教师之间的交流和合作，让教师从更广阔的视角审视教育和教学活动，培养创新思维，促进教学方法和手段的多样化。教师参与跨学科的培训，能够学习到其他学科的教学理念和方法，还能在交流中找到信息技术与学科教学整合的新思路，从而提高自己的信息技术素养和教学能力。

（四）采用多元化的培训方式

在信息技术迅速发展的当代社会，教师的信息技术素养既关系到个人职业发展，也是关乎教育质量和教育现代化水平的主要因素。针对当前教师信息技术素养参差不齐的现状，采取多元化的培训形式是提升教师信息技术素养的有效途径。教师职前培训奠定了教师未来职业生涯的信息技术应用能力基础。师范院校在教师职前培训中应注重信息技术相关课程的设置，如现代教育技术、多媒体计算机操作及互联网使用等，以确保师范生毕业时具备必要的信息技术素养。除了传授专业知识外，职前培训还应注重培养师范生的信息伦理道德观念，以适应未来教育的需求。对于在职教师而言，多元化的在职培训形式能够满足不同教师的个性化需求。校本培训利用教师闲暇时间组织活动，如专题讲座、计算机知识培训等，旨在提升教师的实用技能和将信息技术与学科课程结合的能力。校外培训则为教师提供了系统学习理论知识和获取新信息的机会，特别是脱产学习获取学位的方式，能够让教师在理论和实践方面都有所提升。短期培训和自发研修则更加注重教师主动学习和个性化发展。短期培训通过集中时间进行的集中式学习，使教师能够快速掌握新知识、新技能。自发研修鼓励教师利用个人时间进行自我提升，如通过网络资源自学、参与专业论坛讨论等。自主性较强的学习方式能够激发教师的学习兴趣和增强创新意识。多元化的培训形式能够满足不同教师的需求，适应不同地区、不同学校的实际情况，能够为教师提供更广阔的学习平台和多样化的学习途径，从而有效提升教师的信息技术素养。为了实现这一目标，教育管理部门、师范院校和各级学校需共同努力，完善教师信息技术素养培训体系，创新培训内容和方法，同时提供必要的资源和支持，以促进教师信息技术素养的全面提升，进而推动教育现代化进程。

第五章　当代高校教育教学改革中信息化资源的有效开发

第一节　信息及信息资源概述

一、信息的内涵

信息，在当代社会已成为一种无处不在的资源，影响了信息化建设和社会发展。随着科技的迅猛发展，“信息爆炸”“信息革命”等词语频频出现，展现了信息对于现代社会的深远影响。信息的本质和其在不同领域中的应用，构成了一个广泛且复杂的研究领域。信息的基本含义，从最初的消息、音讯，发展到今天在信息论中的定义，体现了信息的演变过程。信息作为一种用符号传送的报道，其核心价值在于报道的内容是新颖的，接收者之前并不知晓，凸显了信息传递的基本功能——传递新知。从社会角度看，信息的广泛性和包容性使得人们对其有着不同的理解和解释。信息不仅存在于自然界，也遍布于人类社会的各个角落，涵盖物质世界和精神领域。其广泛性说明了信息的重要性，无论是对个体还是对社会整体，信息都扮演着不可或缺的角色。从技术的角度来看，对信息的理解则更加注重信息的表征和传递机制。在人造工程和设备中，信息的技术属性显得尤为重要。信息技术的发展促进了信息的有效传递，拓宽了信息的应用领域，如数字技术的运用大大增强了信息的存储、处理和传输能力。从文化角度对信息的探讨，更侧重信息的储存和传输介质。不同的介质能够承载不同形式的信息，如文字、声音、图像等，使信息能够跨越时间和空间的限制，为人类的文化传承和知识共享提供可能。信息论中，信源、信宿、信道和信号的概念，为人们理解信息的传递过程提供了清晰的框架。信源通过信号，在信道中向信宿传递信息，此过程是信息交流的基础。信息的有效传递，不仅依赖技术手段的支持，还需要信宿准确解读信号中的信息。在信息化时代，对信息的理解和运用变得尤为重要。信息不仅是知识传播的载体，也是社会发展和进步的动力。随着信息技术的不断进步，人类对信息的获取、处理和利用能力不断增强，信息已成为推动经济发展、促进社会进步的关键因素。然而，信息的有效管理和利用也带来了新的挑战，如信息安全、信息过载和信息不平等等问题，均需人们在享受信息带来便利的同时，采取有效措施加以应对。

二、信息资源的内涵

信息资源的概念在当代社会中备受关注，其定义和理解多样化，反映了信息的广泛作用和重要性。有人将信息资源视为信息本身或信息的集合，而更多的人认为，信息资源既包括信息本身，还涵盖信息生产者和信息技术。此观点强调了信息资源的三个基本要素：信息生产者、信息内容和信息技术。信息生产者是信息资源形成的起点，没有信息的生产和创造，便没有信息资源的存在；信息内容是信息资源的主体，承载着知识和数据；而信息技术则是信息资源发挥作用的关键，它支持信息的存储、处理、传输和利用，使信息资源能够在不同领域中发挥作用。与自然资源不同，信息资源是一种人工生成的资源，它的产生和利用依赖人的创造活动和技术的应用。信息资源的价值体现在其对知识传播、决策支持和创新促进等方面的贡献。有效地开发和利用信息资源，可以提高工作效率，促进经济发展，加强社会管理，丰富人类文化。信息资源的含义在不同的应用场合有着不同的解释，在具体的信息技术应用中，信息资源往往被理解为有价值的数据资料的集合，如数据库中的数据、互联网上的信息等。而在更广泛的语境中，信息资源的概念更加宽泛，包括数据和知识及能够产生有关数据和知识的人类活动、文化产物和技术系统，这一广义的理解强调了信息资源作为一种非物质、非能源资源的独特性和价值。

（一）信息资源的基础特征

相较于物质资源和能量资源，信息资源的特性定义了信息资源的本质，指明了其在现代社会中的应用价值和重要性。信息资源的时效性是其最显著的特征之一，信息的价值往往与其时效性密切相关，一条及时的信息可能具有极高的价值，而过时的信息则可能毫无价值。此特性要求信息的获取、处理和传播必须迅速高效，以确保信息能在最佳时机发挥作用。信息资源的无穷尽性体现了信息的源泉是无限的，人类社会的持续发展和进步会源源不断地产生新的信息，为人类提供解决问题的新思路，也为社会的持续发展提供动力。此特性意味着，只要人类社会继续向前发展，信息资源就永远不会枯竭。信息的可传递性是另一个关键特征，它使得信息可以迅速在社会各个角落传播，影响经济、社会、科技乃至政治生活。信息的流动性加速了知识的传播，使得信息能够在全球范围内发挥其价值。信息不能脱离载体而存在，这一特性强调了信息与其载体之间不可分割的联系。无论是人的大脑、文字、图像还是电子信号，都是信息表达和存储的方式。第一载体和第二载体的存在，保证了信息可以被保存、传递和再利用。信息资源的共享性凸显了信息的独特价值，不同于物质资源，信息的共享不会导致其减少，反而能够通过交换和共享使得使用者获得更多的信息。此特性促进了知识的共享与扩散，为社会创新和进步提供了基础。信息资源的主导性体现了信息在现代社会中的核心地位，无论是物质资源还是能源资源的开发与利用，都离不开信息的支持。通过指导和优化资源的开发利用过程，信息资源驾驭了其他所有类型的资源，展现了其在现代社会中不可替代的作用。

（二）信息资源的有效建设

信息资源建设关系到信息化时代国家竞争力的核心，信息资源建设涉及选择、采集、组织、管理和开发等一系列活动，目的是将无序的信息转化为有序、可利用的资源。随着信息化时代的到来，信息资源与传统的物质资源、能源资源并列，成为支撑国民经济和社会发展的三大战略资源。信息资源的开发利用是创造和生产新型信息产品的活动，更是信息资源交流服务的重要形式。信息资源的特性决定了其开发利用的必要性，与物质资源和能源资源不同，信息资源具有时效性、无穷尽性、可传递性、载体依赖性、共享性和主导性等特点，这使得信息资源在开发利用过程中具有独特的价值和一定的难度。为有效利用信息资源，需确立合理的资源丰富度、选择精良度、结构合理性、查询便捷性和传递迅速性等标准，以确保信息资源充分满足社会发展的需求。在信息化时代背景下，信息资源建设面临新的挑战和机遇。数据库时代的黄金发展期为信息资源的开发利用奠定了基础，但随着互联网的普及，信息环境发生了翻天覆地的变化。互联网极大地促进了信息资源的共享，同时带来了信息过载、注意力稀缺等问题。因此，后互联网时代的信息资源环境要求人们更新信息资源开发利用的观念，从以资料为中心转向以人为中心，从汇集资料转向精选资料，将信息共享视为实现特定目标的工具而非理想化目标。信息资源建设的关键在于充分利用现代化信息技术，进行信息资源的采集、处理、加工、传递和使用，以增加信息产品和服务的内容和品种，提高信息产品的服务质量。这需要加强信息技术的应用和推广，培养人们的信息素养，提高社会对信息资源重要性的认识和利用能力。信息资源的开发利用还必须考虑到信息共享的成本和效益，在互联网时代，信息共享已成为常态，但过度的信息共享可能会导致成本过度上升。因此，信息共享的策略需要根据目标明确、效益成本结构清晰的原则来制定。只有如此，信息资源的共享才能带来最大的效益，而不是无谓的成本浪费。

第二节　教育信息化资源的基本概念、类型及特征

一、教育信息化资源的基本概念

在信息化时代，教育信息化资源成了教育教学领域的重要支撑，涵盖了物质资源、人力资源和信息资源，旨在辅助教育者和学习者实现教学目标，促进学生通过自主、合作、创造的方式进行学习。教育信息化资源的发展是技术的进步，更是教育观念和教学模式变革的体现。教育信息化资源的概念在不断发展中得到了丰富和完善，从最初的数字化教育、教学资源，到以现代信息技术为基础的系统设计、开发和应用，再到广义和狭义上的教育信息化资源的区分，其定义既包括了与教育教学有关的所有人力资源和非人力资源，也专指直接用于教育教学的信息化资源，包括硬件资源，如多媒体计算机、网络设备，还包括软件资源，如数字视频、多媒体软件、在线学习管理系统等。教育信息化资源的构建涉及素材类教学资源、网络课程、教育资源管理系统和远程教育系统支持平台等多个层次。其中，素材类教学资源和网络课程的建设是教育信息化资源建设的核心和重点，它们直接服务于教学活动，支持教学目标的实现。而工具软件和平台软件的开发与应用，则为利用教育信息化资源提供了技术支持和平台保障。教育信息化资源的发展为教育教学带来了根本性的变革，互联网上的学习资源极大地扩展了学习者获取知识的途径，打破了教师是学生唯一信源的局面。在此背景下，教师的角色由知识的传播者转变为学习的引导者和帮助者，教师需要更多地了解如何引导学生有效地利用信息化资源进行学习，如何在信息化教学资源的支持下实现教学模式的创新。信息化教学资源的使用不仅更新了教学手段，而且为教学模式的变革提供了可能。传统教学模式以教师为中心，忽视了发挥学生的主体作用。信息化教学资源能够构建自主学习环境，

调动学习者的积极性和主动性，支持学生通过自主、合作、探究的方式进行学习，从而实现对知识的深度理解和应用。然而，教育信息化资源的建设和利用也面临着挑战，包括如何确保信息化资源的质量、如何提高教师和学生的信息素养、如何实现信息化资源的有效整合和利用等问题。这要求教育工作者、技术开发者和政策制定者共同努力，不断探索和创新，以推动教育信息化资源的健康发展。

二、教育信息化资源的基本类型

教育信息化资源包括设计的资源和利用的资源两大类，它们涵盖了从数字视频、多媒体软件到在线学习管理系统、互动学习平台等多种形态。教育信息资源的分类和应用，丰富了教育教学手段，为教育模式的创新提供了技术支撑。教育信息化资源的分类方法多样，既可以从资源的来源进行划分，也可以根据资源的形态和应用倾向进行分类。一系列分类方法的提出，旨在更好地组织和管理教育信息化资源，以提高其在教育教学中的有效性和可用性。从资源角度看，教育信息化资源分为专门为教学设计开发的资源和未专门为教学设计但可用于教学的资源。设计的资源如教学软件和数字化教案，强调教育者根据教学需求定制资源，而利用的资源则更多依赖教师对现有信息资源的收集与整合能力。此分类强调了教师在信息化教学环境下的双重角色：资源的设计者与整合者。从资源形态上，网络上的教育信息化资源可以划分为电子书籍、电子期刊、数据库等八大类。此分类方法便于教师根据教学需求，快速寻找和选择合适的教育信息化资源。此外，不同形态的资源在教学中有着不同的应用倾向，为教育者提供了丰富的教学工具。从结构化视角对教育信息化资源进行分类，可将资源划分为良构化、劣构化和半结构化（适构）教学资源。这一分类突出了教学资源的组织与管理水平对于教学活动支持的重要性，指出了教学资源在教学设计与应用中的不同功能和价值。从内容相关性角度对教育中的软件资源进行分类，可将其扩展到教育信息化资源的整体分类中，包括内容特定的、内容相关的和内容自由的教学资源。这一分类方法更加注重教学资源与教学内容的关联度，强调了教育信息化资源在满足具体教学需求中的作用。教育信息化资源的多样分类方法充分反映了教育信息化资源本身的多样性和复杂性，指导了教育信息化资源的合理开发与有效利用。

三、教育信息化资源的基本特征

教育信息化资源的特性促进了其开发与共享，进而使得教育过程变得更加高效、灵活和个性化。基于多媒体技术和网络技术，教育信息化资源呈现出丰富的特点，极大地拓宽了“教”与“学”的边界。教育信息化资源的一个显著特点是具有可重复使用性，资源一旦被创建或获取，就可以永久保存在各种数字存储设备中，供教师或学生反复使用，大大减少了重复制作资源的时间和成本，提高了资源的使用效率。多样性是教育信息化资源的另一个显著特点，体现在资源的形式和媒介上，如文本、图形、图像、动画、声音和视频等，还体现在能够满足不同学习者的内容需求上，可以适应不同层次和风格的学习者。工具性强调了教育信息化资源不仅是知识的载体，也是促进学习者学习新知识、完成意义建构的认知工具，工具性使得教育信息化资源成为学习者探索知识、交流沟通的平台。基于网络技术的支撑，共享性使得教育信息化资源能够被全国乃至全球的教师和学生方便地获取和使用，促进了资源的广泛传播，也使得教育资源的开发者能够获得更广泛的反馈，进而不断优化资源内容。多媒体化则利用计算机技术将传统资源转化为更为丰富直观的形式，使得教育信息化资源内容更加生动，有助于学生更好地理解和掌握知识点。可编辑性与扩展性紧密相关，要求教师具备一定的计算机知识基础，以便根据教学需求对资源进行二次开发，也鼓励学生和教师在原有资源的基础上进行补充和扩展，以适应不同的教学和学习环境。除了技术层面的特征，教育信息化资源还具有教学应用层面的独特优势，如促进个性化学习和自主学习。丰富的教学资源结合大数据分析技术，可以实现资源的个性化推送，满足学生不同的学习需求。同时，多媒体化和强交互性的特点使得学生能够更加主动地参与学习过程，通过在线评测、多媒体课件等获取即时反馈，有效提升学习效率和质量。

第三节　信息化教学资源的收集、整合、设计及开发

一、信息化教学资源的收集方式

在信息化时代背景下，网络成了教育教学资源的重要来源，提供了丰富的教学材料和工具。然而，面对互联网上庞大的信息资源库，如何高效、准确地找到所需的教育信息化资源成了教师和学生共同面临的挑战。搜索引擎是获取网络信息的主要工具，它能够帮助用户快速地在互联网上查找所需的信息。一些常用的搜索引擎，提供了基于关键词搜索的功能，用户只需输入与所需信息相关的关键词，就可以获得大量的搜索结果。为了提高搜索的精确度，用户可以使用高级搜索功能，通过设置搜索条件来缩小搜索范围，如使用引号进行精确匹配，以及（在某些情况下）利用布尔运算符（如 AND、OR、NOT）来明确组合关键词，从而有效提高搜索效率。互联网上存在各种类型的网站，包括行业网站、教育网站、专业网站等，通常会聚焦于特定主题或领域，提供相关的教育信息化资源。例如，教育网站往往收集和提供教学案例、电子图书、多媒体教学软件等资源。通过直接访问这些专业网站，用户可以更直接地获取高质量的教育资源。许多专业网站还会提供资源导航、资源推荐等服务，帮助用户发现更多有价值的教育资源。地区或学校教育资源库是信息化教育资源的科学化、系统化集合，资源库通常由教育管理部门或学校建立，旨在提供针对性强、内容科学、实用性高的教育资源。用户可以通过学校内部网络或地区教育资源平台，访问和使用这些

资源库中的教学内容。相比于广泛的互联网搜索，教育资源库提供的资源往往更加精准、可靠，能够有效提升教学的效率。

二、获取信息化教学资源的方式

随着网络技术的发展，信息化教学资源的获取方式也日益多样化，包括使用下载工具来直接获取资源，利用压缩与解压缩软件处理资源文件、通过 FTP（文件传输协议）下载教学资源，以及将已有的非数字化教学资源进行数字化处理，这些方式旨在为教育工作者和学习者提供全面的指导。下载工具是获取网络上信息化教学资源的常用工具之一，它们提供了便捷的下载服务，使得用户可以轻松获取所需的教学资源。下载工具利用多点对多点的传输原理，实现了资源的快速稳定下载。使用下载工具时，用户可以通过搜索框完成资源的搜索，然后选择合适的资源进行下载，这种方法适用于大文件和需要批量下载的情况，能够有效提高下载效率。网络上的许多教学资源，尤其是音频、视频等多媒体文件，通常以压缩格式存在。因此，压缩与解压缩软件成了获取和管理信息化教学资源的重要工具。WinZip、WinRAR 等软件支持多种压缩文件格式的压缩和解压缩，帮助用户轻松管理下载的资源。当需要对计算机里的资源进行备份时，压缩软件也可以减少所需的存储空间，提高资源管理的效率。FTP 是另一种常用的资源获取方式，用户可以通过浏览器访问 FTP 服务器，下载所需的文件资源。这种方法适用于获取大型文件库或专业数据库中的资源。使用 FTP 下载资源时，用户需要知道精确的 FTP 服务器地址，并按照特定的步骤进行操作，以便在本地机器中获取所需的资源。对于网络上难以直接找到的特定资源，一个重要的解决方案是将现有的优秀教学资源数字化，这包括将文档资料、图形图像、视音频资料和试题转化为数字格式，以便在计算机或网络环境中使用。数字化可以保护原有资源不受物理损坏的影响，便于资源的复制、分享和长期保存。并且数字化资源易于整合和检索，大大提高了教学资源的利用效率。

三、信息化教学资源的有效整合

在数字化时代，信息化教学资源成了教育教学的重要支持。整合信息化教学资源是提高教学质量和教学效率的关键步骤。整合信息化教学资源要求技术支持，并要求教师深入理解教学目标和内容，以及学习者的需求。需求分析是信息化教学资源整合的起点，此阶段的目的是确保教学资源与教学对象、环境、目标和内容相契合，需求分析包括学习者分析、学习环境分析、教学目标分析和教学内容分析四个方面。学习者分析关注学习者的背景、认知水平、学习风格和特殊需求，确保教学资源能够满足不同学习者的需求。分析信息化教学资源将在何种物理和网络环境中使用，以决定资源的形式和功能。明确教学目标，以确保资源整合能够支持达到这些目标。细化教学内容，以确定教学资源需要覆盖的知识点、技能和行为规范。脚本设计是将需求分析的结果转化为具体的设计文档，脚本不仅包括教学内容的组织结构，还涉及教学策略、学习活动设计和资源使用说明。脚本设计的质量直接影响课件的教学效果，因此需要精确地表达教学目标、内容逻辑结构和交互设计等要素。素材准备环节涉及信息化教学资源的采集和制作加工，包括文本、图形、图像、音频、视频和动画等素材，素材的采集可以通过网络搜索、现有资料数字化或原创内容制作等方式进行。制作加工则需要利用相应的软件工具对采集来的素材进行编辑和优化，以适应教学设计的需求。课件生成是信息化教学资源整合的最后一步，能将前面步骤准备的素材和脚本转化为可用的教学产品。这一过程需要利用课件开发工具，根据设计脚本的要求，集成各种素材，生成最终的课件或网络课程。在这一环节中，开发者需要关注课件的交互性、可访问性和用户体验，确保课件能够有效支持教学活动。

四、信息化教学资源的设计及开发

（一）设计与开发多媒体教学软件

1. 开发多媒体教学软件的流程

在当今教育领域，多媒体教学软件的开发大多利用现代信息技术手段，将文本、图形、图像、音频、视频等多种媒介整合在一起，为学习者提供丰富的学习体验。多媒体教学软件的开发是一个系统而复杂的过程，涉及软件设计、制作、试用评价、产品修改、出版等多个环节。选题阶段是多媒体教学软件开发的起始点，开发者需要综合考虑学习内容的特点、学习者的需求、教学目的等因素，选择适合于多媒体呈现的教学内容。适合开发成多媒体教学软件的内容通常包括难以用传统方法表达的教学重点和难点、需要个别化学习的内容，以及适合于模拟训练的实践型学习内容等。教学设计阶段需要根据学习者的特征、教学目标、教学内容等因素进行综合设计，教学设计的内容包括确定教学目标、划分教学单元和知识点、选择和设计多媒体信息、建立教学内容的知识结构、设计形成性练习与学习评价等，教学设计的质量直接关系到多媒体教学软件的教学效果。系统设计阶段是将教学设计的理念转化为具体的多媒体软件的过程，此阶段的任务包括导航策略设计和友好交互界面设计等。系统设计可以确保多媒体教学软件充分发挥多媒体技术的优势，同时保证软件界面的用户友好性和易用性。文字稿本编写是将教学设计的内容具体化、文字化的过程，文字稿本包括教学内容的呈现方式以及软件的操作说明、界面布局、交互设计等内容。文字稿本的编写需要教师和开发者紧密合作，确保教学内容的准确性和科学性。分页面制作稿本是多媒体教学软件具体制作的依据，它详细描述了软件的每一个页面的设计理念、内容布局、交互方式等。在这一阶段，开发者需要根据教学目标和教学内容，设计封页、主页、单元主页等关键页面，确保软件界面的整体风格和教学风格的一致性。

2. 多媒体教学软件的有效制作

多媒体教学软件的制作是当代教育技术领域中一个重要而复杂的过程，它涉及计算机软件技术、美工设计、教学理论的综合应用。素材的准备过程需要收集现成的图形、图像、照片、录像带、课本、杂志、音频等，并对素材进行制作加工。在设计文本字幕时，选择合适的字体、字号、字间距和行间距至关重要，以确保文字信息清晰易读。同时，课件中适当地运用图片和动画可以增强视觉效果，提高学习者的学习兴趣。对于视频和音频素材，需要进行适当的压缩处理以节省空间，同时保证教学内容的完整性和连贯性。编辑合成阶段是将准备好的多媒体素材按照教学设计的要求组织起来，形成一个完整的多媒体教学软件。此过程需要利用多媒体软件生成工具，这些多媒体软件生成工具可以分为程序设计语言、通用多媒体著作工具和学科专用的多媒体著作工具等。程序设计语言虽然灵活性高，但制作难度大；通用多媒体著作工具则因其易用性和功能性被广泛应用于教学软件的开发中；学科专用的多媒体著作工具更加注重特定学科的需求，能够提供更为精准的教学支持。软件的调试与打包是确保多媒体教学软件质量的关键步骤，在调试过程中，开发者需要仔细检查软件的每个部分，确保所有模块能够在整个系统中协同工作，解决可能出现的冲突和问题。软件规模越大，调试过程就越复杂，因此开发者需要耐心细致地进行测试，以确保软件的稳定性和可靠性。打包则是将调试完成后的软件生成一个可执行文件，使其能够脱离开发环境独立运行。打包不仅提高了软件的可移植性，也方便了最终用户的使用。

（二）开发网络课件

网络课件的开发和设计不仅需要技术支持，而且这些工作应当基于教学理论和学习者的实际需求。合理的网络课件开发流程能够确保课件有效地支持教学目标，激发学习者的学习兴趣，并促进学习者的深入理解和长期记忆。网络课件的设计应遵循以下几个原则，以确保其有效性和可用性：①明确中心。网络课件的设计应以学生的自主学习为中心，为学生提供充分的参与机会和原创精神的发展空间。②明确主题。围绕核心主题进行设计，确保学习内容具有针对性和目的性。③明确任务。采用“任务驱动”和“问题教学法”作为学习的主线，强调协作学习在知识构建中的重要性。④明确评价。设计多样化的评价方式，重视学习过程和资源的评价，提供定量和结构化的评价标准。⑤明确师生交流平台。建立有效的师生交流平台，确保教师能够及时掌握学生的学习进度并进行指导。

在总体设计阶段，开发者需要明确课件的设计理念、教学目标、目标学习者、内容结构等，为后续开发奠定基础。教学设计阶段需要详细分析教学目标和内容，设计具体的教学活动和情境，以及利用好各种信息资源，确保以学生为中心的自主学习设计得以实现。课件设计阶段要关注课件的技术实现，包括结构合理性、技术先进性、多媒体表现力和平台兼容性等方面。界面设计是课件用户体验的关键，需要合理布局信息显示、操作按钮等界面元素，以确保界面的一致性和美观性。除了课件内容本身，还需要准备使用说明、适用对象、使用环境等相关文字材料，以指导用户有效使用课件。在网络发布阶段，需要考虑课件在网络环境下的性能，如在低带宽条件下的流畅性，以及课件内容的动态扩展性。

第四节　当代高校教育教学中数字化学习资源的应用、整合与共享

一、高校教育教学中数字化学习资源的应用

（一）数字化学习资源融入课堂教学

在当今教育领域，数字化学习资源的引入和应用正在逐渐改变传统的教学模式和学习方法，为教育提供了更加丰富和多样化的教学手段。通过将数字化学习资源融入课堂，教师能够更有效地展示教学内容，创设吸引学生的学习情境，支持学生自主学习、协作学习以及探究性学习。多元化的教学资源提高了教学的效率和质量，激发了学生的学习兴趣，促进了学生的全面发展。数字化学习资源通过教学课件、视频、音频等多种形式，使知识点的讲授、演示和实验项目等内容展现得更加直观和生动，从而增强了学习的吸引力。数字化学习资源的应用，既可以加强教师在课堂上的主导作用，也能够提高学生对教学内容的接受度和理解能力。然而，其关键在于合理地选择并有效地使用这些数字化学习资源，以确保它们能够适应教学内容的传递与表达需求。数字化资源的动态和互动特点，尤其适合创设具有吸引力的学习情境，无论是在低年级还是高年级的课堂上。对于年轻学生，“有声有色”的数字化学习资源能够快速吸引他们的注意力，而对于年长的学生，具有一定深度和广度的数字化学习资源更能够激发他们的深层次思考和认知。教师在使用数字化学习资源时，需要精心筛选，确保资源内容新颖且与教学目标紧密相关。自主学习是当前教育的一个重要方向，数字化学习资源为学生提供了广泛的学习材料和灵活的学习方式。学生可以根据个人的兴趣和需要，自由选择学习主题和学习材料，从而拓宽学习的视野。然而，教

师的引导在此过程中仍然非常关键，特别是对于年幼的学生，教师需要提供适当的指导和支持，确保学生能够在广阔的信息海洋中有效学习。

数字化学习资源在协作学习中扩充了学习内容，还为学习活动的开展提供了多样的选择。小组成员可以通过数字化学习资源，根据分工有选择地关注某一方面的知识点，促进组内成员之间的信息交流和知识共享。数字化学习资源的快捷传递特性，使得组内成员能够更加高效地交换信息和学习成果。探究性学习是培养学生创新思维和解决问题能力的有效途径，数字化学习资源在探究性学习的各个阶段都能发挥重要作用，从创设情境到启发思考，再到自主探究和协作交流，数字化学习资源提供了丰富的信息和工具，使学生能够在探究过程中广泛地收集信息，深入地分析问题，并形成自己的见解和解决方案。特别是在自主探究阶段，学生能够利用互联网资源进行广泛的信息搜索，通过各种在线平台和数据库获取所需的资料，大大拓宽了学习的广度并挖掘了学习的深度，为学生提供了更为多样的学习材料和视角。在协作交流阶段，数字化学习资源使得学生之间的讨论和信息共享变得更为便捷和高效。通过网络论坛、社交媒体和在线协作工具等数字平台，学生可以轻松地分享自己的发现、观点和学习成果，同时能够获取他人的反馈和建议。互动和交流的过程有效促进了学生之间的合作，加深了学生对学习内容的理解和掌握。在总结提高环节，数字化学习资源为学生提供了多种形式的评价和反馈机制。通过在线测试、电子投票和虚拟展示等形式，学生可以及时了解自己的学习情况，识别学习中的不足，并据此进行调整和改进。同时，教师可以利用有关工具更加直观地掌握学生的学习进度和效果，为学生提供个性化的指导和帮助。

（二）数字化学习资源应用于新型学习方式

在教育技术的飞速发展背景下，数字化学习资源为传统教育提供了强大的支持，并且为新型学习方式的实施提供了可能。混合学习、移动学习以及泛在学习等新型学习模式的出现和发展，凸显了数字化学习资源在现代教育中的重要地位和作用。混合学习模式让传统的面对面教学和在线学习的优势相结合，为学习者提供了一个更加灵活和高效的学习环境。在此模式下，数字化学习资源成为连接传统教学与现代技术的桥梁。教师可以利用数字化学习资源进行教学内容的扩展和深化，同时，学生能通过在线平台进行自主学习和探索。此模式的成功关键在于高质量的数字化学习资源的有效整合与应用，以及教师对学习过程的精心设计和引导。移动学习作为一种基于移动设备和无线网络的学习方式，允许学习者在任何时间、任何地点学习。数字化学习资源在移动学习中扮演着核心角色，提供了学习内容的访问和互动平台。移动学习的资源不仅包括互联网的资源，还包括为移动学习专门设计和优化的应用程序和服务。移动学习资源的设计需要考虑到移动设备的特性，如屏幕大小、操作方式等，以提供最佳的用户体验。泛在学习强调在任何时间、任何地点都能够获取学习资源和进行学习活动，在泛在学习方式中，数字化学习资源的普及和易获取性成为支持学习的关键。泛在学习环境下，学习资源需要具备高度的适应性和可访问性，能够通过各种设备和平台进行访问。同时，泛在学习要求学习资源能够根据学习者的个性化需求进行智能推荐和定制。随着终身学习观念的深入人心，数字化学习资源为个人学习生涯的持续发展提供了坚实的基础，无论是职业技能的提升，还是兴趣爱好的追求，高质量的数字化学习资源都能为学习者提供必要的知识。终身学习的实现，需要构建一个开放、共享、高效的数字化学习资源库，使得每个人都能够根据自己的学习需求和节奏，找到适合自己的学习内容。

二、高校教育教学中数字化学习资源的整合

（一）高校教育教学中数字化学习资源的整合方式

在数字化学习资源的发展与应用过程中，资源整合技术的不断进步为教育资源的高效整合与利用提供了强有力的支持。不同的整合方法针对的是不同资源的特性与需求，以及教育实践中的具体应用场景。OPAC 系统的发展，使得图书馆资源从单一的书籍、期刊扩展到了电子资源、多媒体资料等，极大地丰富了教育资源的类型和形式，方便了用户通过一个平台访问多种资源，而且通过将书目信息与电子资源链接，实现了信息的深层次整合与共享。然而，此种整合方式对图书馆的数字化水平要求较高，需要不断更新技术和系统以适应新资源的接入。资源导航的整合方式通过为用户提供明确的分类、标签和搜索引导，简化了资源的检索步骤，使用户能够快速定位所需资源。此整合方式适用于初步整理和分类较为明确的资源库。但是，随着资源数量的增加和类型的多样化，单纯依靠导航进行整合可能无法满足用户深入挖掘内容的需求和个性化需求。跨库检索系统的整合通过对多个数据库和资源库的统一检索，为用户提供了一站式服务，大大提升了资源的可访问性和使用效率，特别是对于学术研究和专业学习具有重要意义。链接整合利用网络的超链接功能，将分散的资源通过逻辑关系连接起来，为用户提供内容丰富、层次分明的知识体系，强调资源之间的内在联系，有助于用户进行深入学习，为用户提供了更为精准和高效的信息检索服务，支持知识的创新和再利用。然而，构建和维护一个高效的知识管理系统需要高水平的技术支持，以及对知识领域的深入理解和分析。

（二）高校教育教学中数字化学习资源的整合技术

数字化学习资源的整合技术是当前教育技术领域的重要研究方向

之一，它涉及资源的发现、获取、组织和利用，以及如何提高教育资源利用的效率。随着教育信息化的持续深入，对数字化学习资源整合技术的需求日益增长，尤其是在提升资源的可访问性、可用性和用户体验方面。通过运用机器学习和自然语言处理技术，智能自动分类技术能够实现对大量的文本数据进行快速有效的分类整理。该技术不仅能够自动标注和分类学习资源，还能基于这些分类结果，为用户提供更加个性化且精准的资源推荐服务。然而，智能分类技术也面临着挑战，包括如何提高分类准确率、如何处理分类体系的动态更新等问题。分众分类技术，即自由分类法，强调利用用户社群的集体智慧进行资源标记和分类，优势在于能够反映用户的实际需求和使用习惯，提高资源的检索效率。但是，分众分类存在词汇不统一、分类标准不一致等问题，需要通过算法和用户引导来优化。本体和语义技术在知识管理中发挥着核心作用，其通过构建领域本体来规范知识的表示，通过语义技术实现知识的检索和关联，能够提高学习资源的语义层次的互操作性，促进不同系统和平台之间的知识共享。叙词与叙词表的使用是实现资源标准化描述的重要方法，有助于实现资源的精准检索和有效管理。然而，构建和维护一个统一、全面的叙词表，需要投入大量的专业知识和丰富的人力资源。分词技术直接影响到文本信息的检索效率和准确性，中文分词技术的发展需要不断优化算法，提高算法对不同领域和不同语境下词汇的识别能力。互操作技术是实现不同系统、平台和资源之间有效通信和数据交换的关键技术，中间件、XML、知识本体和资源标准等技术，能够有效地解决系统层面的兼容问题、数据表示和传输的标准化问题，以及语义层面的理解和匹配问题。互操作技术的发展旨在建立一个开放、灵活、高效的学习资源生态系统，促进资源的深度整合和广泛共享。

三、高校教育教学中数字化学习资源的共享

（一）高校教育教学中数字化学习资源共享的基础

1. 数字化学习资源共享的理论基础

在建构主义学习理论的指导下，数字化学习资源共享强调学习者在真实的、有意义的环境中通过主动探索、实践和交流来构建知识，认为学习资源的共享和交流是促进学习者深度学习和个性化学习的有效途径。此外，经济学理论提供了资源共享的经济学解释，认为通过网络平台实现学习资源的共享，可以有效地提高资源的利用率和效益，降低教育成本，扩大教育资源的影响范围。图书馆信息资源共享的“拥有与获取理论”进一步强调了资源共享的互惠性，指出资源共享旨在通过资源的相互开放和交换，实现资源利用的最大化。

2. 数字化学习资源共享的技术基础

信息通信技术的发展为数字化学习资源共享提供了强有力的技术支撑，计算机和互联网技术的应用使得资源的获取、存储、加工、分配和显示更为高效、便捷。从最初的电子邮件、BBS、FTP 传输等简单的数据共享和信息交换方式，到现今的云计算、大数据、人工智能等先进技术的应用，信息通信技术不断推动着教育资源共享向着全球化、虚拟化、智能化的方向发展，提升了资源共享的效率，促进了教育信息化和网络化的深入发展，为资源共享提供了多样的方式和广泛的范围。

（二）高校教育教学中数字化学习资源共享的影响因素

数字化学习资源共享的推进与实施受多方面因素的影响，其中内容、技术、利益和文化因素是最为核心的几个方面。每一个因素都直接或间接地决定了数字化学习资源共享的效率、质量和广度，从而影响到

学习资源共享的实际效果和长远发展。内容是数字化学习资源共享的核心，它的适用性、质量、丰富程度、可重组性、动态性和技术制作水平直接关系到资源共享的有效性和用户满意度。高质量的资源能够吸引更多的用户参与共享，也能够增强教学效果。适用性强、易于自学和交互、多样并且能够灵活调整的资源更容易满足不同用户的需求，从而促进资源共享的广泛性和深入性。资源的动态更新能够保证共享内容的时效性和前沿性，吸引更多的用户持续参与共享。技术是实现数字化学习资源共享的支撑，信息通信技术的发展，特别是云计算、大数据、人工智能等先进技术的应用，为资源共享奠定了良好的技术基础。有关技术能够实现资源的海量存储、高效管理、快速检索和便捷访问，为资源共享提供了强大的技术保障。同时，技术标准的建立和推广、Web 服务的完善以及检索技术的进步，也为资源共享的标准化、规范化和智能化提供了必要的技术手段。资源共享的过程实质上是一种利益交换的过程，利益的均衡分配是实现资源共享的基础。资源共享机制的设计需要充分考虑资源提供方和使用方的利益，确保双方均能从共享中获益，从而激励更多的资源参与共享。资源的前期投入成本、共享范围的确定、共享机制的建立、物质收益的分配以及资源使用成本的控制，都是需要重点考虑的利益因素。文化因素是影响数字化学习资源共享的深层次因素，主要涉及共享过程中的观念、价值、传统和社会制度等方面。不同地域、不同高校甚至不同国家之间的文化差异，都会影响到教育资源共享的理念、模式和扩散范围。培养开放共享的文化氛围，尊重知识产权，激发共享的动力，促进资源共享的良性循环，需要社会各界共同努力。

（三）高校教育教学中数字化学习资源共享的机制

数字化学习资源共享机制的建立是当前教育技术领域的一项重要工作，其目的在于通过合理的原则和层次性的共享，促进教育资源的广泛利用，提升教育质量。此过程需要明确的共享原则，并考虑到参与资源共享的主体、机构以及共享的实施方法。互惠互利原则强调在资源共享中形成“共建双赢”的局面，这是确保所有资源贡献者保持积极性和主动性的关键，参与者除了考虑自身的利益，也要关心和支持其他参与者的需求和发展，从而形成一个良性循环的共享生态。平等原则保证了无论参与者的大小、地理位置或发展水平如何，都应有平等的权利和义务参与到资源共享中。该原则有助于打破资源共享中的壁垒，使更多的教育机构能够受益于共享的资源，从而提高整体的教育质量和效率。效率性原则指出资源共享应在成本合理的情况下进行，旨在通过科学和整体的视角考虑共享的成本、各方需求和社会效益，从而实现资源共享的高效率。该原则强调了资源共享过程中的科学性和实用性，要求共享行为应有助于资源的最优配置。问责原则通过建立监督和评估机制，从源头上控制资源的共享导向和质量，避免资源的浪费，确保资源共享的可持续性。此原则强化了共享参与者的责任感和自律性，为资源共享提供了制度上的保障。

数字化学习资源共享的层次包括资源信息共享、实体资源共享及与实体资源匹配的教学支持服务共享。此层次性划分明确了资源共享的范围和深度，指出了资源共享不仅仅是信息的共享，更包括实体资源和相关服务的共享，这有助于实现资源共享的全面性和深入性。数字化学习资源共建共享的参与主体呈现出多元化的趋势，从政府机构到高校、专业协会、图书馆等，各种机构都在不同角度、不同程度地参与着资源的共建和共享。这一多元化趋势有助于汇聚更多的资源和力量，促进资源共享的广泛性和多样性。共享的实施包括无偿共享与有偿共享两种形式，使得资源共享更加灵活和实用。特别是通过建立会员制和资源共享基金等方式，可以有效地激励资源提供方和使用方参与共享，促进资源的更新和优化。同时，通过政府调控与市场化的资源配置机制，可以实现资源总量充足且布局均匀、内部结构协调的目标，从而为建立完备的数字化学习资源保障体系打下坚实的基础。在共享实施过程中，资源的无偿共享主要针对由政府投资建设或个人、机构愿意无偿贡献的资源，此共享方式在一定程度上推动了优质资源的广泛传播和利用，促进了教育公平。而有偿共享则主要针对那些需要回收投资成本或具有较高开发成本的实体资源及其支持服务，确保了资源共享的可持续性和对资源提供方的利益保护，同时鼓励了更多的资源创新和优化。

第六章　高校教育教学改革视域下的数字化学习环境建设

第一节　数字化学习环境的概念

一、数字化学习环境的基础含义分析

数字化学习环境代表着教育方式的一次革命性转变，将传统的课堂学习与前沿的网络平台紧密结合，以混合式学习环境拓展了学习的空间与时间边界，并且极大地丰富了教学与学习的形式。这一变革是技术的进步，更是教育理念与方法的一次深刻变革。数字化学习环境并不仅仅是一个抽象的概念框架，它需要通过一套复杂的软件系统来具体地构建，需要研究现代信息技术的最新发展，考虑如何将信息技术与现有的教育资源和模式有效整合。数字化学习环境的构建是一个跨学科的工程，涉及软件工程、教育学、心理学等多个领域的知识与技能。计算机和互联网技术提供了一个全新的学习平台，其核心价值在于如何利用这一平台提供既丰富又具互动性，同时个性化的学习体验。这要求教育工作者精通技术，具备将技术应用于教育的能力，能够设计出既符合教育规律又可以激发学习兴趣的教学内容和活动。数字化学习环境应支持多种教学模式，包括但不限于传统的讲授模式、协作学习模式、研究性学习模式等，突出数字化学习环境的灵活性和适应性，能够根据不同教学需求提供相应的支持和服务。因此，数字化学习环境的设计和实施需要

基于对教育理论和实践的深入理解，以确保技术的应用真正促进学习效果的提升。

二、高校教育教学改革视域下的数字化学习环境设计

数字化学习环境的设计需要对现有教育资源和技术进行深入分析，并对教育目标和需求进行周密规划，以确保该环境能够真正促进学习效果的提升。深入分析机构现状是设计数字化学习环境的基础，包括对高校组织结构、人员素质以及信息化基础设施的全面评估，这样做可以明确高校在信息化教学方面的优势和不足，为后续的环境设计提供指导。分析组织结构有助于确定哪些部门将直接参与数字化学习环境的建设和管理。分析人员素质则可确保教师和技术人员能够有效利用新环境进行教学活动。制定项目目标和需求规划的过程涉及教育层次、学生类型以及教育的组织形式等多个方面，目的是确保所设计的环境能够满足不同学习者的需求，支持多种教学模式。例如，对于全日制和业余学习的学生，数字化学习环境应提供不同的学习资源和支持系统，以适应他们不同的学习条件和需求。信息化项目的建设方式的选择对于数字化学习环境的成功打造至关重要，无论是自主开发、购置现有软件还是与外部机构合作，都需要确保所选方式满足高校的具体需求和预算限制。信息化项目的建设方式的选择直接影响到项目的成本、实施效率以及最终的使用效果，因此，必须经过仔细考量。在设计维度方面，学习内容的设计是核心问题。数字化学习内容要涵盖核心知识点，并促进学习者的知识运用、迁移和创新能力。内容设计应围绕真实的活动，以促进学习者的深度学习和知识内化。学习支持系统的设计则侧重技术在学习环境中的应用，通过利用网络技术、数据库技术，以及仿真和虚拟现实技术，可以为学习者提供丰富的资源库和真实的学习情境，从而提高他们的学习效率，丰富他们的学习体验。

第二节　高校现代化教育技术的硬件及软件环境探析

一、高校现代化教育技术的硬件环境

现代教育技术的硬件环境，特别是多媒体教室的构建极大地丰富了教育资源，提高了教学的互动性和学习的效率。多媒体教室，作为教育现代化的重要标志之一，通过集成多媒体计算机、投影机、音像播放设备等，为师生提供了一个高效、动态的学习和教学环境。多媒体教室环境的建立能让教师从传统的教学模式中解放出来，为学生拓宽更加广阔的知识获取渠道。多媒体教室的基本功能包括连接校园网和因特网、演示多媒体教学课件、播放视频教学节目等，有关功能的实现为教学提供了极大的便利和灵活性。如此，教师可以轻松地调用丰富的网络资源，开展网络联机教学，同时能使用多种媒体教学资源，如录像、VCD、DVD 等，来丰富课堂教学内容，提高教学质量。在多媒体教室的设计和构建过程中，需要考虑教室的综合功能和使用需求。一个理想的多媒体教室，应具备完备的设施与功能，能够支持丰富多彩的教学活动，满足多学科的教学需求。同时，多媒体教室的设计应考虑营造兼具现代气感与和谐舒适的教学环境，并充分利用智能技术对各种教学设备进行集中管理与控制。多媒体教室的教学应用极为广泛，可以用于课堂演播教学，还可以用于远程网络教学、会议报告等。在此教学环境中，教师可以更加灵活地选择教学资源，更有效地组织教学活动，为学生提供更加丰富的学习资源和更加广阔的学习空间。

除了多媒体教室之外，多媒体网络教室通过局域网络将教师计算机与学生计算机连接起来，实现了教学信息的实时共享和交流，极大地提高了课堂教学的互动性和学习的主动性。多媒体网络教室具备多种功能，包括实时广播教学、远程控制、学习监督等，这些功能促进了教师

对学生教学活动的有效监控和管理，同时也为学生之间的互动学习提供了条件。

多媒体语言实验室通过集成计算机技术、多媒体技术及语言学习软件，为语言学习提供了一个有效的环境。在多媒体语言实验室环境下，学生可以通过丰富的视听材料来学习语言，并进行实时的语言实践和交流，极大地提升语言学习的互动性和实践性。多媒体语言实验室集成了控制功能、双向教学功能、显示功能、复制编辑功能，以及教学效果分析评定功能等多元化功能，这些功能的综合运用为语言教学提供了强大的技术支持，使语言学习过程更加高效和生动。在多媒体语言实验室的教学应用中，教师能够利用各种多媒体资源，如音频、视频、动画等，丰富教学内容，激发学生的学习兴趣。通过控制功能，教师可以有效地管理教学过程，确保教学活动有序进行。双向教学功能则允许教师和学生之间进行有效的互动，增强了教学的互动性。此外，多媒体语言实验室还为学生提供了大量的语言实践机会，学生可以通过模拟对话、角色扮演等活动，提高语言运用能力，加强语言学习效果。

二、高校现代化教育技术的软件环境

在现代教育体系中，软件环境的作用日益凸显，成为提升教学质量和效率的重要因素。学校的软件环境包括系统软件和应用软件，它不仅囊括了丰富的多媒体教学资源，还体现了教师和学校在教育技术应用及管理方面的能力。一整套复合型结构，构建了一个满足现代教育需求的全面教学环境。软件系统作为基础，支撑着学校教育技术的有效运作。系统软件通常由硬件提供商配套提供，而应用软件则根据教学需求灵活选择或开发。例如，CAI 课件制作系统为教师提供了强大的教学内容制作工具，VOD 视频点播系统则让学生能够按需获取学习资源，极大地丰富了学习形式和学习内容。多媒体教学资源的建设，是软件环境中不可或缺的一环，既为学生提供了丰富的学习材料，如多媒体素材库、课件库、视频资源库等，又通过网络课程库等资源，为学生提供了灵活多样的学习路径。然而，这一切的高效运作都离不开教师和学校在教育技术应用和管理上所展现的高水平能力。教师的信息技术素养直接关系到多媒体教学资源的有效利用，而学校的教育技术管理水平则决定了这些资源能否得到高效整合和应用。因此，提升教师的教育技术应用水平，加强学校教育技术的管理，是构建和优化软件环境的关键。

第三节　高校教育教学改革中的数字化学习环境软件系统开发

一、高校教育教学改革中数字化学习环境软件系统的特点

数字化学习环境软件系统的开发是现代教育技术领域一项复杂且充满挑战的任务，需满足多样化的教学和管理需求，还必须适应教育理念和技术的快速发展。具体而言，数字化学习环境软件系统展现出复杂性、风险性、发展性和效益性四大特点，共同定义了其开发过程的独特性和挑战性。数字化学习环境软件系统需要整合教学理论、教育管理理论等多方面的知识，以支持不同用户群体的需求，要求开发团队具备跨学科的知识背景，深入理解教育实践的复杂性。用户需求的不确定性进一步增加了系统开发的难度，开发团队必须通过与用户深入沟通，不断迭代开发、优化系统，以确保软件系统有效地支持教学与管理活动。数字化学习环境软件系统的稳定性和可靠性直接关系到教学活动的正常进行，系统一旦出现故障，可能会对教学秩序造成严重干扰，甚至导致教学事故。因此，在开发过程中，高度重视质量控制和风险管理成了必要的措施，以保障系统的稳定运行和用户的顺利体验。随着教育技术的发展和教学理念的更新，数字化学习环境软件系统还必须具备良好的发展性。这意味着系统要在初始阶段满足当前的教学需求，并适应未来的变化和发展。开发团队需要预见到可能的技术进步和教学模式变革，确保

系统架构具有足够的灵活性和扩展性，以便于未来的升级和改进。效益性则涉及软件系统的经济价值，由于要面向不同规模和类型的教育机构，因此控制开发成本，提高系统的性价比成了确保软件系统商业成功的关键。开发团队需要通过精细的成本控制和高效的开发实践，确保软件系统既能满足教育机构的需求，又具有市场竞争力。

二、高校教育教学改革中数字化学习环境软件系统的开发过程

开发数字化学习环境软件系统是一项融合了广泛技术和教育理念的复杂工程，其开发过程不仅要求高度的技术专业性，还需要对教学和学习有深刻的理解。采用 RUP 框架，结合极限编程（XP）的敏捷方法，为这一过程提供了可行的指导和实践路径。RUP 的用例驱动、以架构为中心以及迭代增量开发的特点，结合 XP 的以人为核心、迭代循序渐进的开发方法，共同构成了数字化学习环境软件系统开发的主要策略。在开发过程中，首要任务是确保系统设计满足复杂的教学需求和管理需求。这要求开发团队应有技术上的准备，更需要对教育领域的需求有深入的理解。用例驱动的方法使得从需求到后续工作流的转化更为高效，同时以架构为中心的策略保证了系统的可理解性、弹性和长期的适应性。迭代和增量式的开发模式使得开发过程更为灵活，允许开发团队在每一次迭代中学习和适应，减少项目失败的风险，使得项目能够逐步逼近最终目标，同时避免因一次性开发而带来的巨大风险。风险驱动的策略进一步确保了项目的安全性，通过识别和管理可能危害项目成功的关键风险，保证了项目的顺利进行。软件开发的另一重要方面是构件的重用，它能够加速开发过程，降低成本，并提高产品质量。在数字化学习环境软件系统的开发中，利用已有的软件构件不仅能加快开发速度，还能提升系统的稳定性和可靠性。为了保证软件系统的高质量和持续发展，项目团队需要对软件的版本进行严格管理，并以版本为主线实施需求变更管理。

三、高校教育教学改革中数字化学习环境软件系统的开发框架

客户端框架，可以有效提升用户界面的交互性和用户体验。开发者通过使用客户端框架，可以创建出既美观又功能强大的界面，使得学习过程更加直观和吸引人。特别是在构建复杂的 Web 应用时，客户端框架能够大幅度减轻开发者的工作负担，加快开发进度。业务层框架，如 Spring 和 EJB3.0，是处理核心业务逻辑的基础。Spring 框架因其轻量级、高度灵活和广泛的兼容性而备受开发者欢迎，其简化了企业级应用的开发，提供了全面的技术支持，从而保证了业务逻辑的稳定性和可扩展性。而 EJB3.0 框架则适用于需要高度安全和事务性的大型业务系统，为数字化学习环境提供了强大的业务支持。在表现层框架方面，采用 MVC 设计模式的框架，如 Struts 和 WebWork，能够有效分离表示层和业务逻辑层，提高代码的可重用性和可维护性，确保了前端用户界面的变更不会影响到后端的业务处理，从而加速开发流程，提高应用程序的灵活性。持久层框架，如 Hibernate、JDO 和 iBATIS，通过实现对象关系映射（O/R Mapping），极大地简化了数据库操作，降低了数据访问层的开发难度。客户端框架使得开发者可以以面向对象的方式操作数据库，从而避免了烦琐的 SQL 编码，提高了开发效率和程序的可移植性。

第七章　教育信息技术与高校课程的整合及实例

第一节　教育信息技术与高校课程整合的概述

一、教育信息技术与高校课程整合的基础概念

（一）课程的含义

谈论信息技术与课程整合，首先需要理解课程的本质和多重定义。课程是教育领域一个复杂而多义的概念，不同人在不同背景下对课程有着不同的理解。日常话语的课程概念是指人们在日常生活中对课程的经验主义理解，此种理解可以是广义的，也可以是狭义的，可以涵盖课程的各个方面，从课程的要素到功能，从静态到动态，从设计到评价。此种课程概念通常是基于个人经验和常识的，是非正式的，因此有时会存在模糊性和不确定性，是人们在教育实践中对课程的直观认识。学术话语的课程概念则更加严格和深刻，其经过了更广泛且深刻的理性思考和界定。虽然学术话语的课程概念源于生活经验，但在理论和实践上更加系统和精确。此种课程概念考虑了课程的各个维度，包括设计、实施、评价等方面。学术话语的课程概念是教育研究和教育理论的产物，通常用于教育领域的专业讨论和研究中。信息技术与课程整合正是在这两种课程概念的背景下发展起来的，涉及如何将现代信息技术融入教育课程

中，以提高教学质量和效果。无论是日常话语的课程概念还是学术话语的课程概念，都可以为信息技术与课程整合提供理论支持和实践指导。

课程是教育领域一个广泛讨论的概念，人们对课程有着不同的理解和定义。其中，日常话语的课程概念通常将课程理解为与学科相关的知识和学问，主要集中在特定学科，如语文、数学等内容上。此种理解最贴近人们的日常经验，因为其与人们在学校接触到的具体学科内容相关，如学习语文或数学。然而，此种理解并不能全面准确地涵盖课程的本质，因此需要更深入的讨论。在新课程改革的背景下，教育观念发生了转变，对课程的理解也发生了变化。课程不再被简单地视为特定学科的知识内容，而是被看作一系列教育活动和资源的组合，旨在实现学生的综合发展，强调了多维性和多样性，不仅包括学科知识，还包括教学方法、教材选择、评估方式等方面的因素。在此背景下，信息技术与课程整合成为一个重要的议题。全新的教育观念要求人们重新思考如何将信息技术融入课程，以更好地满足学生的学习需求。信息技术不再只是一个辅助工具，而是被视为课程设计和教学的一部分。

1. 课程即学习经验

课程的理解和定义具有多样性，不同的视角揭示了课程的不同本质。除了将课程理解为特定学科的知识内容，人们还有其他理解形式，如“课程即书面的教学计划”“课程即预期的学习结果或目标”“课程即学习经验”“课程即有指导的学习活动”“课程即文化再生产”等。不同的理解形式并不相互排斥，而是从不同的角度揭示了课程的多维性。在这里，将课程理解为“有指导的学习经验”，强调了课程的实际学习经验，认为只有在教育过程中获得的实际经验才是学生真正认识到的或意识到的课程内容。此理解强调了教育的有计划性和有意图性，即教师和教育机构在教育过程中具有明确的教育意愿和计划。

2. 教材即案例与范例

教材在教育过程中具有重要的作用，而将教材理解为一种范例或案例有助于更深入地理解其作用。此理解方式强调了教材不仅仅是学生必须接受的内容，更是引导学生认知发展、生活学习、人格建构的中介工具。教材应该被看作学生发展的“文化中介”，是师生进行对话的“话题”。这意味着教材不仅仅是知识的传递工具，更是引导学生思考、分析、理解事物并进行反思、批判和意义建构的工具。将教材视为范例或案例有助于激发学生的思维和创造力，教材可以提供丰富的信息和情境，引导学生进行思考和讨论。学生可以通过教材中的案例来分析问题、提出观点，从而积极参与学习过程，建构自己的知识体系和意义观念。将教材视为范例还有助于教育的个性化和多样化，教师可以根据不同学生的需求和兴趣来选择和调整教材，以适应不同的学习风格和能力水平，这有助于提高教育的灵活性和适应性，使教学更加贴近学生的实际情况。

3. 教室即“实验室”

教室是教师进行教学表演的场所，更是师生之间互动、交流和共同探究知识的舞台。将教室视为实验室有助于改变传统的教学模式，强调教育的实践性和互动性。在教室中，学生应该被鼓励提问、思考、探究，并与教师和同学进行交流和讨论，师生间的此种互动可以促进知识的共建和共享，使学习更加丰富和有趣。教室应该是引导学生发展的场所，教育的目标包括培养学生的思维能力、创造力和批判性思维。在教室中，教师应该扮演引导者的角色，帮助学生积极参与知识的探究和建构。教室是探究知识的场所。学习包括理解和应用知识。在教室中，学生应当有机会进行实验、讨论和实际应用知识，以便更好地理解和掌握知识。教室是教师展现教育教学智慧的地方，教师应该根据不同学生的特点和教育情境，灵活运用不同的教学方法和策略，以满足学生的个性化需求并促进他们的全面发展。

（二）整合的含义

信息技术与课程整合并不仅仅是将信息技术或多媒体简单地添加到课程中，还涉及将新元素有机地融入整个教育系统，使其成为教育系统不可或缺的一部分，此种整合的理念可以通过格式塔心理学中的“完形”概念来理解。在格式塔心理学中，强调一个整体的关键不在于其孤立的组成元素，而在于这些元素之间的相互关系。这些关系构成了整体的实质。类似地，信息技术与课程整合，要求将信息技术和课程内容之间的关系视为关键要素。这并不仅仅意味着简单地将技术工具引入教室，而是要深刻地将技术与教育目标、教学方法以及学生的学习体验相互关联，使它们成为一个有机的整体。整合信息技术与课程还需要考虑如何最大限度地发挥技术在教育中的潜力，以提高学生的学习成效，包括设计适合技术支持的教学活动，提供多样化的学习体验，并确保技术的使用与教育目标相一致。

信息技术与课程整合是一个全方位的过程，不应局限在教师与学生的具体活动中，而应该从课程的各个方面入手，以确保整合的效果最大化，任何一个方面出现问题都有可能影响整合的成功。整合应考虑总体课程目标，信息技术的使用应与课程的教育目标相一致，以确保技术的应用有助于实现这些目标。例如，如果课程的目标是提高学生的批判性思维能力，那么信息技术的使用应该以促进学生进行研究和分析为目标，而不仅仅是传递知识。整合也需要考虑课程的内容，信息技术可以用来增强课程内容的多样性。例如，使用多媒体资源和在线教材可以为学生提供更广泛的学习材料，从而丰富他们的学习体验。整合还应考虑课程的组织，包括课程的结构、时间安排和教学方法的选择。信息技术可以改变课程的组织方式，如实现课堂翻转教学，使学生在课堂上多参与互动。整合应该涵盖不同科目单元及单元学习方案，鉴于不同科目和单元可能需要不同类型的技术支持，因此整合应根据具体的需求进行调整。

（三）信息技术与课程整合的概念分析

信息技术与课程整合不仅仅是将技术与课程内容相结合，还要求克服两者简单相加的机械性，体现出一种创造性。在整合的过程中，相同的媒体、技术、方法、策略和课程可能会产生不同的整合结果，有优劣之分。因此，有效的整合需要教师具备创造性，以便更好地促进和优化教学。整合信息技术与课程需要思考如何将技术有机地融入课程，以创造更丰富的教育体验。这个过程可能包括设计新的教学方法、创建交互式学习环境，或者利用在线资源来支持课程目标的实现，每个整合结果都反映了教师的创造性思维和智慧。

二、教育信息技术与高校课程整合的目标及意义

（一）强化学生终身学习的态度与能力培养

终身学习是一项重要的教育理念，要求学生具备不断学习的态度和能力，以适应社会和工作的不断变化。此学习方式着重培养学生的自主性和自我管理能力，鼓励学生自主规划学习目标，并通过多种途径实现目标。在信息化时代，终身学习的机会得到了极大的扩展，因为学习资源在全球范围内共享，虚拟课堂和虚拟学校的兴起为远程教育提供了便捷途径。教育信息化为终身学习提供了机遇和条件，人们可以通过互联网，随时随地获取教育资源，不再受制于时间和地点。教育信息化使个性化学习成为可能，学生可以根据自己的需求和兴趣选择学习内容，自主规划学习进程。为了培养学生具备终身学习的态度和能力，教育体系需要进行深刻的变革，包括以下几个方面：实施个性化教学，使每位学生能够按照自己的学习风格和节奏学习；强化自主学习，鼓励学生主动参与学习过程，提高自我管理能力；推广协同学习，培养学生与他人合作的能力。终身学习除了获取知识和技能，更是为了培养学生学会学习的能力，包括信息获取、分析、整合和应用，以及批判性思维和问题解

决能力。学生可以通过终身学习不断提升自己，适应社会和工作的不断变化，实现个人和职业发展的目标。

（二）强化学生良好的信息素养培养

当今时代，学生不再受制于时间和地点，他们可以随时随地获取教育资源，利用互联网进行学习。然而，要充分发挥互联网的作用，学生需要具备良好的信息素养，将终身学习看作自己的责任，并能够理解和利用信息所带来的知识，从而形成自己的知识结构，信息技术与课程整合正是培养学生掌握这些必备技能、提高信息素养的有效途径。信息素养可以被分为广义和狭义两个层面：广义的信息素养包括信息意识、信息知识、信息能力和信息道德四个方面的素质。狭义的信息素养通常指信息能力，它是信息素养的核心。信息技术与课程整合旨在培养学生多方面的素养。信息知识是信息素养的基础，学生需要熟悉与信息技术相关的常用术语和符号，了解与信息技术相关的文化及背景，熟知与信息获取和使用有关的法律和规范，从而更好地理解信息技术的应用领域和潜力，为自己终身学习奠定坚实的基础。信息能力是信息素养的核心，学生需要具备对信息进行获取、挑选、分析、加工、创造、传递、利用、评价以及系统安全防范等多方面的能力。学生应能够高效地处理信息，从大量信息中筛选出有价值的内容，进而将这些内容转化为知识，并有效地应用于实际。信息意识是学生对有价值的信息的觉察和认识，具备信息意识意味着学生具有信息抢先意识，能够在信息爆炸的时代及时发现和获取有用的信息，也具有信息忧患意识，能够警惕信息可能带来的风险和挑战。信息意识能激发学生对信息的强烈愿望，并促使他们积极参与信息的收集和利用。信息道德是信息素养的重要组成部分，学生需要诚实守信、实事求是，遵守一定的信息伦理道德标准，规范自身的信息行为与活动。

（三）强化学生信息化时代学习方式的培养

在信息技术支持下的学习环境中，学生的学习方式发生了重大转变。他们不再完全依赖教师和教材，而是主要利用信息化平台和数字化资源来获取知识，这标志着学生需要掌握适应信息化时代的学习方式。学生在信息化环境中可以自主选择学习资源，自主安排学习时间和地点，实现学习的个性化和自主化。他们可以通过在线课程、教育应用程序、数字图书馆等多种渠道获取知识，不再受制于教室和教材。另外，学生之间也可以开展协商讨论和合作学习。信息技术提供了丰富的互动和合作工具，学生可以通过在线讨论、协作文档编辑、虚拟团队合作等方式进行知识交流和共享。此学习方式强调学生之间的互动和合作，有助于推动深层次学习和思维发展。学生在信息化时代还需要培养信息素养，包括信息搜索、筛选、分析、评价和利用的能力。他们需要学会从海量的信息中提取有用的知识，进行知识探究和发现，甚至创造新的知识。因此，将信息技术与高校课程相整合，应使学生掌握信息化时代的学习方式。

三、信息技术与高校课程整合的原则

信息技术与课程整合并不等同于简单地将信息技术与课程混合在一起，对于各学科的教师来说，掌握一定的信息技术是重要的，但更重要的是要明确信息技术的优势和不足。教师应该以教育理论为指导，根据自身所教授的学科和教学对象的需求，有针对性地考虑如何将信息技术与课程整合，以优化教学效果。

（一）综合应用理论指导信息技术与高校课程整合的实践

信息技术与课程整合的实践需要综合运用多种学习理论和教育技术理论，因为没有一种理论能够涵盖所有情境，而不同的理论可以提供不同的指导和启发。行为主义强调学习是对刺激和反应的建立，重视外部反馈和奖惩。在信息技术与课程整合中，可以借鉴行为主义的思想，设计互动性强、有即时反馈的学习活动，以调动学生的积极性，提升学习效果。认知主义关注学习者的思维过程和知觉，认为学习是对信息的加工和理解。在整合中，可以运用认知主义的理论，设计有挑战性的任务和问题，激发学生的思考和分析能力。建构主义认为学习是一个个体建构知识的过程，强调学习者的主动参与和社交互动。信息技术与课程整合可以通过设置创造性任务、开发合作项目和利用社交媒体等方式，有效促进学生的知识建构和合作能力提升。人本主义关注学习者的自主性和情感需求，强调教育的人文性质。在整合中，可以考虑学生的个性化学习路径，关注他们的情感体验和需求，以营造积极的学习氛围。教育技术、绩效技术等理论和观点也为信息技术如何支持教学和评估提供了有用指导，在实践中，教育者应该灵活运用有关理论，并根据具体情境和教学目标做出适当的选择。兼收并蓄、综合运用各种理论的合理成分，更好地指导信息技术与课程整合的实际操作，以促进教育的发展和学生的学习。

（二）结合教学对象选择信息技术与课程整合的策略

针对不同的学生，选择合适的整合策略是教育中的一项重要任务，不同的学习风格和思维类型需要不同的教学方法。对于视觉型学生，可以采用图像、图表、视频等多媒体资源，以满足他们对视觉信息的需求。在线课程应包含丰富的图示和可视化内容，以增强他们的学习体验。听觉型学生更注重听觉信息，因此可以提供音频、讲座录音、播客等资源。在线讨论和语音反馈也对他们有帮助，可以促进他们的深度理解。动觉型学生更喜欢实际操作和实践经验，因此可以营造虚拟实验、模拟项目和在线实践任务等互动性强的学习环境，以满足他们的需求。对于抽象思维者，提供深度理论材料和挑战性问题可以激发他们的思维，在线课程应强调概念的探讨和理论框架的建立。具体思维者更倾向于实际应用和具体例子，整合策略可以包括案例分析、实际问题解决和实践性任务，以帮助他们将理论与实际联系起来。清晰思维者希望有清晰的学习路线和结构化的内容，在线课程应提供明确的课程大纲和学习计划，以满足他们的组织需求。随机思维者更注重灵活性和自主性，个性化学习路径、自主探究项目和开放性任务可以满足他们的学习需求。

（三）结合学科特点确定信息技术与课程整合的方式

针对不同学科的独特性，信息技术与课程整合需要灵活运用不同的策略。这意味着教师不能采用一刀切的方法，而要根据学科特点进行有针对性的整合：了解每个学科的教育目标和期望成果，以确定信息技术如何支持教育目标的实现；根据学科内容的性质，选择合适的信息技术工具和资源，以丰富课堂教学；根据学科的教学方法和策略，确定如何整合信息技术以促进学生的参与和理解；考虑如何使用信息技术来支持学生的评估和反馈，以提高学科学习的效果；了解是否存在针对该学科的软件、模拟工具或资源，可以用于更深入的学科探究。

第二节　教育信息技术与高校课程整合的基础形态

一、以教育信息技术为学习内容（L-about IT）

L-about IT 的直译是“学习信息技术”，是指将信息技术作为一个独立的学科开设，旨在使人们掌握 21 世纪赖以生存的重要工具——信息技术。信息技术是一个独立的学科领域，是所有学科发展的基础。它不仅是一项重要的技术领域，还是改变人类生产和生活方式的基本手段。信息技术的发展源于信息交流的需求，但随着技术的进步，信息技术反而扩展了信息交流的时间和空间范围。信息交流是文化形成和发展的最基本需求，因此信息技术的广泛渗透对教育、经济和政治等领域产生了深远影响。全球信息文化正在形成，并推动着社会的文化重塑，进而促进社会的发展。从社会发展的角度来看，开设信息技术科目为培养适应信息社会的未来公民奠定了基础。在信息化时代，掌握信息技术是一项关键技能，因此将信息技术纳入教育体系，有助于培养学生的信息素养和技能，使他们更好地适应未来社会的需求。开设信息技术科目对于我国在全球信息化建设竞争中具有战略意义，信息技术已经成为国家竞争力的重要组成部分，各国都在积极发展信息技术产业。因此，我国需要抓住机遇，赶上世界发展的步伐，抢占制高点，以确保国家在全球信息化建设中具有竞争力。

信息技术课程以提升学生的信息素养为根本出发点，这一课程将信息技术视为学习的对象，旨在让学生掌握信息技术的基本知识、基本技能以及基本工具的使用。然而，信息技术课程的开设不仅仅是为了学习信息技术本身，更重要的是要培养学生多方面的能力和素养。信息技术课程致力培养学生的综合能力，学习信息技术不仅是为了掌握技术知识，更是为了运用信息技术促进交流与合作。在信息化时代，团队合作和沟通能力至关重要，因此信息技术课程将有关方面纳入教学内容，帮助学生提高团队协作和沟通的能力。信息技术课程鼓励学生拓宽视野、勇于创新，信息技术的快速发展意味着不断涌现出新的应用和工具。学生需要具备开放的思维，积极探索和创新，以适应不断变化的技术环境。信息技术课程还着重培养学生的思考和决策能力，信息技术的应用需要学生具备分析问题和做出决策的能力，因此课程将注重培养学生的逻辑思维和问题解决能力。信息技术课程强调了终身学习的理念，在信息社会中，技术不断发展，学生需要不断更新自己的知识和技能。因此，课程将鼓励学生形成终身学习的习惯，明确自己的学习需求，积极追求自我发展。信息技术课程还涵盖了信息社会公民的权利与义务、伦理与法规，学生需要了解信息社会中的法律法规和伦理道德，明白自己在信息社会中的权利和责任，培养正确的价值观和社会责任感。

（一）信息技术学习的知识与技能

学生需要理解信息及信息技术的概念与特征，他们应该能够清晰地认识到什么是信息以及信息技术的基本特点。学生还应该了解利用信息技术获取、加工、管理、表达与交流信息的基本工作原理，以便能够更好地利用信息技术进行学习和工作，并且了解信息技术的发展趋势，以便跟上技术的发展，不断提高自己的信息素养。通过学习信息技术课程，学生应该能够熟练地使用常用的信息技术工具，包括了解并能够操作各种常见的软件和硬件，以便能够有效地利用这些工具完成各种任务。课程还旨在帮助学生初步构建自主学习信息技术的能力，使他们能够不断地学习并适应信息技术的发展变化。

（二）信息技术学习的过程与方法

信息技术学习的过程与方法旨在培养学生具备一系列解决问题和应用信息技术的能力，以满足日常生活和学习中的各种需求。学生需要从日常生活和学习中发现或归纳需要利用信息和信息技术解决的问题，这意味着他们应该具备识别问题和分析问题的能力，能够确定信息需求，并清晰地了解需要解决的问题。学生应该能够根据任务需求确定所需信息的类型和来源，并有能力评估信息的真实性、准确性和相关性，这要求他们掌握信息检索和评估的技能，以高效地收集和筛选信息。学生需要选择合适的信息技术进行有效的信息采集、存储和管理，这则要求他们了解各种信息技术工具和系统，以便能够灵活地利用它们来满足信息需求。学生应该选择合适的工具和方式，以呈现信息、发表观点、交流思想和开展合作，他们应该掌握信息呈现和交流的技能，以便有效地传达他们的想法和观点。学生需要熟练运用信息技术，通过有计划的、合理的信息加工进行创造性探索或解决实际问题。他们需具备信息处理和分析的能力，能够运用信息技术来解决复杂的问题，如辅助其他学科的学习或完成信息作品等。学生应该能够对自己和他人的信息活动过程和结果进行客观评价，能够提炼出利用信息技术解决问题的基本思路和方法。此外，他们还需具备反思和评估的技能，以不断优化信息处理和解决问题的方法。

（三）信息技术学习的情感态度与价值观

学习者通过对信息技术的学习，应该能够体验信息技术蕴含的文化内涵，激发和保持对信息技术的求知欲，形成积极主动学习和使用信息技术、参与信息活动的态度。他们应该对信息技术抱有积极的兴趣，并愿意主动学习和探索信息技术的各个方面，并且能够欣赏信息技术对社会和文化的贡献，以及信息技术所代表的现代化和进步。学习者需要辩证地认识信息技术对社会发展、科技进步和日常生活学习的影响，能够看到信息技术除了带来便利和机会，还会引发一些问题，带来一些挑战。他们应该具备批判性思维，能够理性地评估信息技术的影响，并根据情境做出明智的决策。学习者应该理解并遵守与信息活动相关的伦理道德与法律法规，负责任地、安全地、健康地使用信息技术，包括尊重知识产权、保护隐私、防止网络欺诈和滥用信息技术的行为，形成良好的伦理和法律意识，以确保他们在使用信息技术时不会伤害他人或违反法律规定。

二、以教育信息技术为学习工具（L-with IT）

L-with IT 直译为“用信息技术来进行学习”，强调将信息技术视为学习和教学的有力工具。这意味着学生和教师可以借助信息技术来丰富学习体验、提高教学效果，创造更灵活、创新和互动的学习环境。

（一）以信息技术为教师教学的辅助工具

1. 教学演示工具

在教育领域，信息技术的角色不仅仅是一种简单的装饰或替代传统媒体的工具，它具有更深远的影响和多重作用。演示工具是信息技术整合于学科课程的最初形式之一，但它所代表的仅仅是信息技术的冰山一角。信息技术作为演示工具为教育带来了更大的灵活性和互动性，传统的教学媒体如幻灯片和黑板只能提供静态的信息展示，而信息技术可以通过动画、模拟和互动性的应用程序创造更生动、更具吸引力的教学环境，激发学生积极参与，增强他们的学习兴趣。信息技术的使用扩展了教学内容的呈现方式，教师可以利用多媒体素材、图表、动画和实时数据来解释抽象或复杂的概念，帮助学生更好地理解课程内容。多样化的呈现方式有助于满足不同学习风格的学生的需求，增强教学的效果。信息技术还可以提供实验和模拟的机会，让学生在虚拟环境中进行实践和探索，多种实验性的学习方法有助于学生将理论知识应用于实际情境中，培养解决问题的能力。信息技术的整合应该超越简单的替代和装饰，充分发挥其潜力，创造更深层次的教育变革。信息技术可以促进个性化学习，根据学生的需求和能力提供定制化的教育内容。它还可以支持远程教育和在线学习，打破时空的限制，使教育资源更加普及。

2. 信息交流工具

信息技术作为交流工具，应用在教育中，可以促进师生之间的交流，支持教育管理、学科合作和教育技术的创新与应用。信息技术作为交流工具促进了师生之间的互动和沟通，通过电子公告板、聊天室等工具，教师和学生可以随时随地进行在线交流。师生之间的互动有助于解决学生的问题，促进教师与学生之间的情感联系，建立更亲近的师生关系。信息技术作为交流工具有助于家校互动，教师可以利用电子邮件、在线会议等方式与家长进行联系，及时了解学生在家中的情况，共同关注学生的学习进展和问题。家校合作有助于形成教育的闭环，使学生在学校和家庭之间得到全面的支持和关注。信息技术作为交流工具支持了教育管理的现代化，教育管理人员可以利用信息技术来收集、分析和处理教育数据，从而更好地了解学校的运行情况，制定有效的管理策略，数据驱动的管理有助于提高教育的质量和效率。另外，信息技术作为交流工具促进了教师之间的合作与交流。教师可以利用在线平台共享教育资源、交流教学经验以及探讨教育技术的应用，这种互动有助于教师共同进步，提高教育水平。信息技术作为交流工具有助于学科合作和跨学科学习，教师和学生可以通过在线合作平台参与跨学科项目，共同探讨复杂的问题。

3. 教学信息加工工具

作为教学信息加工工具，信息技术在教育领域发挥着重要作用，丰富了教学方式。信息技术的应用方法为教师提供了更大的创造力和灵活性，使他们能够利用文字处理软件、电子文稿编辑工具和网页制作工具等，重新组织教材。教师创造性地设计课程材料并整合实际案例和最新信息，可以使教学更加引人入胜和实用。信息技术作为信息加工工具提供了多媒体教学的可能性，教师可以使用网页制作工具等创建多媒体演示，包括图像、音频和视频等元素，从而丰富教育内容，使学生更容易理解抽象概念和复杂过程。

（二）以信息技术为学生学习的工具

1. 信息加工的工具

信息技术作为学生的信息加工工具，旨在培养学生的信息素养和信息能力，使他们能够熟练地获取、分析、加工和应用信息。与教师的信息加工工具不同，学生使用信息技术作为信息加工工具更强调学生的主动性和创造性。信息技术作为学生的信息加工工具强调信息获取能力，学生可以利用互联网等资源快速获取各种信息，这有助于他们积累知识、了解新事物和拓宽视野。信息技术作为学生的信息加工工具，强调信息分析和加工能力，学生需要筛选和评估所获取的信息，确定其真实性和可信度。然后，他们可以使用各种软件对信息进行整理、编辑和呈现。此种能力培养了学生的批判性思维和信息处理能力，使他们能够更好地理解和应用所学知识。信息技术作为学生的信息加工工具鼓励学生的创造性，学生可以利用多媒体工具创作自己的作品，如演示文稿、数字故事等。

2. 信息交流的工具

信息技术作为学生的交流工具在教育中具有广泛的应用，为学生提供了多种对外沟通方式，从而丰富了教育过程，促进了学习和发展。信息技术作为学生的交流工具可以促进师生之间的沟通，学生可以通过电子邮件、在线聊天、讨论论坛等方式与教师进行交流，提出问题、寻求帮助、分享观点等，即时的交流有助于解决学习中的困难，增进师生之间的理解和互动。信息技术能够促使学生之间相互协作，学生可以利用在线平台共享资源、讨论课题、共同完成项目等。合作学习的方式有助于培养学生的团队合作能力和社交技能，同时丰富他们的学习体验。信息技术为学生与家长之间提供了便捷的沟通途径，家长可以通过电子邮件、学校网站等渠道了解孩子的学习情况，与教师进行联系，参与学校活动，促进家校合作，共同关心学生的成长。信息技术为学生提供了与专家交流的机会，学生可以通过在线讲座、网络研讨会、专家访谈等方式与领域专家进行互动，获取专业知识和见解。

3. 个别化学习的工具

随着信息技术的不断发展，各种操练和测验型软件的出现使学生能够更好地进行个别化学习。个别化学习的工具为学生提供了练习和巩固知识的机会，学生可以利用这些软件进行反复练习，巩固课堂上所学的知识和技能。个别化的练习方式可以根据学生的表现自动调整难度，确保每个学生都能够在适当的水平上进行学习，从而有效提升学习效果。计算机辅助测验软件可以帮助教师更好地了解学生的学习情况，通过分析学生在测验中的表现，教师可以及时发现学生的弱点和需改进之处，有针对性地进行教学调整。个别化的反馈有助于提高教学的针对性，使学生能够更好地理解和掌握知识。

4. 合作学习的工具

协作学习作为一种重要的教育方法，通过促进学生之间的合作与互动，能够提高学生的高级认知能力、协作能力、责任心等素质，因此在教育领域备受关注。而信息技术的快速发展为协作学习提供了强大的支持和技术基础，使其在教育实践中得以广泛应用。计算机网络环境的出现扩大了协作学习的范围，传统的协作学习通常局限于课堂内的小组活动，但随着互联网的普及，学生可以通过在线平台和工具与全球范围内的同学合作。跨地域的协作方式为学生提供了更广泛的协作机会，丰富了他们的学习体验。信息技术为协作学习提供了丰富的工具和资源，学生可以利用各种在线协作工具，如在线文档编辑、视频会议、社交媒体等，与同学一起分享资源、讨论问题、共同完成项目。合作学习工具能够提高学生的合作效率，使协作变得更加便捷和高效。信息技术也为不同类型的协作学习提供了支持，在基于互联网的协作学习过程中，有竞争型、协同型、伙伴型和角色扮演型等不同的协作模式，这些模式各自对信息技术的要求程度不同，教育者可以根据教育目标和学生需求选择合适的协作模式，灵活地进行教学设计。

第三节　教育信息技术与高校课程整合的实例研究

一、强化高校课程内容的重构与教学活动设计

“版权与图书贸易”课程是一门编辑出版学专业的核心课程，具有广泛的涉及面和实用性，融合了理论性与实践性。在课程信息化建设方面，教师采取了多层次的课程内容重构和教学活动设计，以满足学生不

同层次的学习需求。课程内容被重新编排分为三个模块：基础知识、实践技能和文化素养。每个模块都采用了不同的教学方法和活动设计，以确保学生获得全面的教育。基础知识部分主要采用了自主学习法和合作学习法，教师使用在线工具提前发布问题和指定阅读材料，引导学生自主学习。学生在小组之间可以进行在线交流，以形成相对统一的答案。课堂时间主要用于答疑和总结。实践技能部分采用情景模拟法，让学生分组选择主题并研读相关资料，然后自己创设情景进行模拟。例如，在涉及版权贸易谈判的内容中，学生提前查阅资料，学习谈判技巧，并制订谈判计划。课堂教学活动在智慧教室中进行，利用信息化环境进行角色模拟，开展国际和国内谈判。课后，各组总结谈判经验，并结合资料预测实际版权贸易谈判中的难题及解决对策。文化素养部分采用多元自主学习法和展示法，鼓励学生深入阅读各类文献典籍。在课程建设中，50 部中外古今经典图书的电子版可供学生选择，同时高等学校精品课程平台可供学生自学。学生分期中和期末两次展示所读经典图书情况，可以选择传统形式，如读书报告、话剧表演，也可以选择现代形式如视频展示。课程内容重构和教学活动设计，充分发挥了学生的学习积极性和主动性，体现了以学生为中心的教育理念。

二、打造信息化环境中的多维交互型人际关系

在大学的其他专业中，构建多维交互型人际关系同样具有重要意义。无论是哪个专业，都可以通过信息化教育的方式来促进多维交互型人际关系的建立。大学专业课程中的多维交互型人际关系可以通过在线讨论和合作项目的方式来实现，学生可以在虚拟学习环境中参与课程讨论，与同学和教师分享观点和想法。这有助于深化学生对专业知识的理解，培养他们的团队合作和沟通能力。例如，在计算机科学专业中，学生可以通过在线编程项目合作，解决实际问题，提高编程技能。信息化教育可以为学生提供更多的资源和工具，以促进多维交互。学生可以利

用在线图书馆、学术数据库和多媒体资料来支持他们的学习。此外，学生还可以参加在线研讨会、研究项目和学术活动，与教师和同学一起探讨和研究与专业相关的话题。例如，在医学专业中，学生可以通过在线模拟手术实验，提高临床技能。在大学专业课程中，构建多维交互型人际关系有助于学生更好地理解和应用所学专业知识，提高他们的学习成效。此种互动有助于个体学习，并培养学生的团队合作、沟通和问题解决能力。因此，大学的各个专业都可以借助信息化教育的方式来构建多维交互型人际关系，为学生的综合素养和职业发展提供更多机会和支持。在信息化环境中，通过多维交互，学生不仅可以自主学习，还会潜移默化地受到专业领域的影响，进而拥有自我认知的调节能力和强烈的学习欲望。

三、与信息化教学相匹配的评价体系完善

在大学的其他专业中，构建信息化环境下的评价体系同样至关重要，评价是课程建设的关键，需要适应信息化教学的特点，以更好地反映学生的个体差异和学习过程。评价体系需要与课程的信息化教学模式相匹配，不同专业的课程都可以采用信息化教学手段，如在线课程、虚拟实验室和在线讨论等。评价体系应该根据课程的特点和学习目标来设计，以确保评价方法与教学方法相一致。例如，在医学专业中，可以使用虚拟病例分析来评价学生的临床技能，而在工程专业中，可以采用在线项目展示来评价学生的工程设计能力。评价体系需要具备过程性和分层性，过程性评价可以帮助记录学生学习的全过程，包括课前预习、课堂内化和课后拓展，有助于教师了解学生在不同阶段的学习表现，以及他们的知识内化和能力提升情况。分层性评价可以根据学生的个体差异，让学生自主选择不同阶段的成绩权重，以凸显自己的优势。例如，在文学专业中，学生可以自主选择将更多的权重放在课堂内化阶段，以

体现他们的分析和表达能力。评价体系还应包括多维度的评价主体和成绩权重，不仅包括教师的评价，还包括学生之间的互相评价。多维度评价可以更全面地了解学生的学习情况，同时促进学生之间的合作和互动。

第八章　信息化时代下高校教育教学多元化模式改革实践

第一节　远程教育中的自主学习及学习支持

一、远程教育背景下的自主学习

远程教育作为知识社会中教育体系的核心部分，正逐渐在高等教育中占据重要位置，旨在培养学习者的自主学习能力。其核心理念是“以学生为中心”，强调学习过程中学生的主体性和能动性，通过自我导向、自我激励和自我监控的方式来实现学习目标。[①] 远程教育方式的显著优势在于，它突破了传统教育模式的时空限制，让学生可以在任何地点、任何时间，依托现代教育技术和多媒体资源，进行深入地学习和探索。远程教育的广泛应用为学生提供了更加灵活和个性化的学习路径，促进了教育资源的优化配置和有效利用。

（一）远程教育背景下自主学习的主要特征

立足远程教育，自主学习具有以下几个特征。

1. 主动性

远程教育作为现代教育体系中的一项创新，重塑了传统教育与学生之间的互动模式。在远程教育模式下，学生的主动性被置于核心位

① 吴利民．远程学习导引[M]．北京：中国商业出版社，2017：87.

置，标志着从被动接受知识向主动探索知识的转变。这是远程教育成功实施的前提，也是其持续发展的关键保证。在此过程中，“我要学”的心声显得尤为重要，它代表了学生对学习的渴望、兴趣以及承担起的学习责任，是推动学生积极参与学习活动的内在动力。远程教育环境下，学习者的主动性体现在多个层面。学习兴趣是学生主动学习的基础，远程教育通过提供丰富的学习资源和灵活的学习方式，满足了不同学生的学习需求，从而有效地激发了学生的学习兴趣。学生可以根据自己的兴趣和需求，自主选择学习内容，调整学习进度，如此便大大增强了学习的吸引力。在传统教育模式中，学习责任往往集中在教师身上，而学生则处于较为被动的位置。远程教育通过将学习的主导权交给学生，促使他们意识到自己是学习的主人。学生要明确自己的学习目标，制订学习计划，并对学习成果负责，从而培养自我管理能力和独立解决问题的能力。远程教育还提倡学习方式的转变，鼓励学生通过网络资源、在线课程等手段，进行自主学习，这提高了学习的灵活性和便捷性，也使得学习过程更加个性化、高效。

2. 独立性

自主学习的独立性体现在学生的“我能学”认知取向上，这一取向彰显了学生对自我学习能力的信心，反映了学生在学习过程中自我驱动的能力。独立性赋予学生自主选择感兴趣的学习内容的权利，使他们能够根据个人兴趣和学习目标，自主选择学习材料和方法。在此过程中，学生不依赖他人，而是依靠自己的判断和能力，确定有意义的学习目标，挑选适合自己的学习方式，并根据个人情况和需求，设计合适的学习进度和评价标准。远程学习方式的独立性对学生个人发展极为重要，促进了学生自我效能感的提高，还培养了他们的自我管理能力和解决问题的能力。通过独立学习，学生将学会如何制订学习计划，如何评估自己的学习成果，以及如何根据反馈调整学习策略。

3. 技术性

远程教育的兴起与信息技术的飞速发展密不可分，教育与技术融合，创造了一个全新的学习环境。在此环境下，技术性成为自主学习的关键支柱之一，这要求学生除了有学习的主动性和独立性，还必须具备操作现代信息技术的能力。“我能学”在这里进一步演变为通过技术手段实现学习目标的能力，远程学习的特点在于师生物理上的分离，使得学习过程极度依赖多媒体教学资源和网络平台。学生必须利用现代信息技术，如互联网、在线学习平台、数字图书馆等，来接受知识、完成作业、与教师及同学互动。这不仅要求学生能够熟练操作这些技术工具，更要求他们能够有效地利用有关资源来促进自己的学习。技术性的要求并非仅限于基本的操作技能，更关键的是能够批判性地评估和选择合适的学习资源，以及能够自主解决学习过程中遇到的技术问题。例如，面对海量的在线资源，学生需要有能力判断信息的准确性和可靠性，选择最满足自己学习需求的材料。同时，当遇到技术障碍时，学生需要有能力自行查找解决方案，确保学习活动的连续性。

4. 开放性

远程教育的开放性为学生提供了前所未有的学习自由度，打破了传统教育模式下时间和空间的限制，使得学习变得更加灵活和个性化。学习的开放性体现在学习资源和环境的无界限访问上，以及学生能够根据自身的情况，自主制订学习计划上。在入学前，远程教育的开放性让学生有机会根据自己的兴趣、学习习惯以及个人优势和劣势，挑选最适合自己的专业方向。从个人兴趣和实际能力出发作选择，有利于激发学生的学习动力，还有助于他们在未来的学习和职业生涯中发挥更大的潜能。在学习过程中，远程教育的开放性进一步体现在学生可以自行决定学习的时间、地点和方式。学生不再受到传统课堂时间表的约束，可以根据自己的时间和学习效率灵活地规划学习时间，这对于兼顾工作、家庭或其他个人事务的学生尤为重要。学生还可以根据自己的学习特点和需要，选择最适合自己的学习方式和进度，无论是通过视频课程、在线讨论还是利用数字资源，都能够自主安排，确保学习效率和质量。

5. 监控性

远程教育下的自主学习特征之一是监控性，监控性主要体现在学生对自己学习过程的自我管理能力上。学生在远程学习中需要自主选择学习内容和制订学习计划，且必须具备对自己学习行为的监控和调节能力，包括自我规划学习时间和内容，根据学习效果自我调整学习策略，以及自我指导和强化学习动机。监控性的实践意味着学生需在学习过程中持续进行自我观察，识别学习中的障碍和问题，通过自我审视来调整学习方法和进度。例如，学生可能需要根据自身对某一学习单元的掌握情况，决定是否需要额外复习或寻找更多资源来加深理解。自我评价机制允许学生对已完成的学习任务进行自我检查，从而对学习成果进行客观的自我总结和评价，这个过程有助于提升学习效率，也是培养批判性思维能力的重要过程。监控性还体现在学生能够在必要时进行自我反思，即识别学习成果与预期目标之间的差距，并采取措施来缩小这一差距，这些措施可能包括加强某一领域的学习，或者调整学习策略和方法。

（二）远程教育背景下自主学习的过程分析

1. 制订学习计划

在远程教育的框架下，学生被赋予了前所未有的自主学习的责任与自由，此教育模式的成功很大程度上依赖学生在自我驱动、自我管理和自我评估能力上的显著提高。转变学习理念、加强学习自律、明确学习目标和计划，并有效地利用资源与支持系统，是远程学习成功的关键要素。远程教育要求学生的学习态度从传统的“要我学”转变为“我要学”，这意味着学生必须主动参与学习过程，将学习视为一种个人成长和发展的机会而非外部强加的任务。学生需要认识到，自主学习是获取知识的方式，更是一种在生活和工作中不断学习和适应的必要技能。自主学习的核心在于学习自律的建立和强化，包括自我激励、自我引导、自我发现、自我监控、自我检查和自我评价等多个方面。学生必须学会设置实际可达的目标，根据课程要求制订详细的学习计划，并严格按照计划执行。同时，适时的自我监控和评价能够帮助学生及时发现并解决学习过程中的问题，确保学习目标的实现。在远程教育中，明确的学习目标和方向要求学生在课程开始之前，就对课程的目标、要求和潜在难点有清晰的认识。通过此种方式，学生能够更有效地制订学习计划，选择合适的学习资源，并有针对性地应对学习过程中可能遇到的挑战。学生应通过与同学的交流和讨论，分享学习经验和策略，共同制订和调整学习计划，这有助于学生从不同视角获取信息，促进学生之间的合作学习、共同进步。学生应利用学习支持系统提供的资源和工具，如在线讨论板、学习管理系统等，来优化自己的学习计划。在自主学习的过程中，教师的指导仍然发挥着重要作用。他们不仅提供专业知识和见解，还能为学生的学习计划和方法提供宝贵的反馈。在远程教育的管理制度和模式下，充分利用有关资源，可以帮助学生在自主学习的道路上获得必要的支持和保障。

2. 获取学习资源

对于远程学习者而言，掌握远程学习技术不仅是基本要求，更是连接自身与知识世界的桥梁。熟练地运用计算机和网络技术，学生才能够自主地在网上查找、获取并利用所需的学习资料，从而提高学习效率和质量。明确学习目标是获取学习资源的首要步骤，学习目标指导着学生选择与其学习需求和兴趣相匹配的资源。具体的学习目标有助于学生聚焦于相关领域的资料，避免在海量信息中迷失方向，确保学习的针对性和高效性。随着学习目标的明确，制订合理的学习进度计划同样重要。学习进度计划使学生能够有序地获取和利用资源，按部就班地推进学习，保持学习的连续性和系统性。合理的进度安排还能帮助学生在保证学习质量的同时，有效地管理学习时间，提高时间利用率。在众多学习资源中，选择合适的媒体资源是一个技术性较高的环节。学生应根据自身的学习风格、课程要求以及资源的可获取性，选择最合适的学习媒介。对于经济不发达地区的学生，传统的文字材料、电视和广播等媒介仍然是宝贵的学习资源。利用有关资源，可以有效地拓宽学习途径，提高学习的可及性和普遍性。网络学习资源的选择需要特别注意，虽然互联网为学生提供了几乎无限的学习材料和工具，但也带来了信息质量参差不齐的问题。学生在选择网络学习资源时，应着重考虑资源的权威性、准确性和适用性。学生要具备基本的信息评估能力，能够从众多资源中筛选出最有价值和最可靠的资料。

3. 参与合作讨论

在远程教育的过程中，参与合作讨论阶段促进了学生与学生之间，以及学生与教师之间的互动交流，极大地丰富了学习体验。通过多种通信方式，包括传统的信函和电话，以及现代的电子邮件、电子公告板、直播课堂和虚拟教室系统，远程教育突破了时间和空间的限制，使学习变得更加灵活。在一些师生难以面对面交流的情况下，传统的信函和电话成了经济、便捷且广泛适用的通信方式。尽管它们在即时互动上可能存在一定的局限性，但此类方式在确保教学的连续性和覆盖更广泛地区的学生方面依然有效，其弥补了远程教育在人际交流方面的不足，为学生提供了与教师进行个性化沟通的机会。随着互联网技术的发展，基于网络的通信方式成了参与合作讨论的主流。电子邮件、电子公告板、直播课堂、虚拟教室以及各种实时或非实时的网络通信工具，为学生提供了更加丰富和互动的学习平台，加强了学生与教师之间的即时反馈和交流，促进了学生之间的协作学习和知识分享。合作讨论阶段的核心在于加强互动与协作学习，通过面对面或虚拟的讨论，学生可以更深入地理解学习材料，提出疑问，分享见解，并从不同角度获取知识。这增加了学习的深度和广度，培养了学生的批判性思维和解决问题的能力。在虚拟教室和直播课堂中，视频、全带宽或卫星连接技术，为远程教育带来了革命性的变化，此类技术提供的高清晰度视频和音频传输，使得远程面授教学成为可能，极大地提高了远程教育的互动性和实效性。

4. 提交学习成果

在远程教育中，提交学习成果的阶段不仅标志着一段学习周期的结束，更是对学生学习成效的一次具体、全面的体现。虽然该阶段相比于学习过程中的其他环节可能显得简单，但它对于评估学生的学习成效、巩固学习内容以及指导后续学习方向具有不可替代的作用。学习成果的形式多样，它们可以是课程结束后的书面考试成绩，也可以是对某一主题的论文写作，还可以是将理论知识与实际工作相结合的项目汇报。远程教育的灵活性体现在学习成果的提交上，学生可以根据自己的具体情况，选择最适合表达其学习成效的方式。论文写作能够检验学生的研究能力和知识综合运用能力；项目汇报则更侧重实践能力和创新思维的展示；而传统的书面考试则侧重基础知识的掌握。其多样性为学生提供了展示自己学习成就的广阔平台，使教学评估更加全面和深入。随着技术的发展，学习成果的提交方式也变得更加多样化和便捷。在传统学校环境中，纸质材料的提交是常见的形式之一，但在远程教育中，网络平台提供了更加方便快捷的提交渠道。通过建立在线作业提交区域，学生可以随时随地提交自己的作业或项目，不受时间和空间的限制。这样既方便了学生，也便于教师或教辅人员集中收齐作业并进行评价，提高了教学管理的效率和质量。

5. 评价学习成果

在远程教育体系中，自主学习评价的核心在于实施内外双向评价机制，这既涵盖了教师对学生的全面评估，也包含了学生对自己学习过程的自我监控与评价。此评价体系旨在全方位地反映学生的学习动机、策略和能力，同时促进学生的自我成长和自我提升。自主学习评价的独特之处在于其内容的广泛性，涉及学习观、学习动机、学习策略、自我监控能力、学业求助能力及学习反思能力等多个维度。此评价方式强调学生在学习过程中的主动性和自我调节能力，重视学生如何通过自身的努力来优化学习效果。随着远程教育的发展，传统的单一评价方法已无法满足自主学习评价的需求。因此，量性评定与质性评定相结合成了一种必要的评价策略。量性评定通过考试、测验等方式对学习成果进行量化，而质性评定则侧重学习过程、学习态度和策略的深入分析，两者相结合能够为教师和学生提供更为全面和深刻的反馈。动态、纵向的形成性评价也是自主学习评价中的关键组成部分，此种评价方式注重评价的连续性和过程性，鼓励在学习过程中不断进行反馈和调整。形成性评价可以使学生实时了解自己的学习进展和存在的问题，从而及时调整学习策略，确保学习目标的实现。远程教育模式以“以学生为中心”为其核心思想，强调学生的自主学习能力，教学模式的转变旨在鼓励学生从被动接受知识转向主动寻求和构建知识。然而，对于习惯于传统教学模式的学生而言，突然转变为完全的自主学习显然存在一定的挑战。学生在传统教育体系中往往习惯了教师的直接指导和标准化的学习路径，对于自我设定学习目标、管理学习进度以及评估学习成果等自主学习要素可能感到陌生和困惑。鉴于这一点，提供有效的学习支持服务成了确保学生能够顺利进行远程自主学习的关键。学习支持服务包括但不限于学习资源的提供、学习策略的指导、学习进度的监督以及问题解答和心理辅导等，旨在帮助学生逐渐适应自主学习的要求，克服远程学习过程中可能遇到的困难，最终实现学生的自我成长和知识的有效构建。因此，远程教育机构和教师需要重视学习支持服务的构建和提供，通过多种渠道和方式，创造一个有利于学生自主学习的环境。

（三）远程教育背景下自主学习的影响因素

自主学习作为一种独立获取知识的行为，其成功与否及效果如何往往受到学生（主体）的认知水平以及学习环境（客体）的双重影响。学生的认知能力决定了其理解和吸收新知识的能力，而支持性的学习环境则为自主学习提供了必要的资源和氛围。因此，一个高效的自主学习过程离不开学生良好的认知基础，以及一个能够促进学习的环境。影响远程教育背景下自主学习的因素，我们主要可以从以下两点进行分析。

1. 主观方面的因素

影响远程教育学生自主学习成功的主观因素主要包括学生自身学习的基础、动机以及能力等方面。

（1）学习基础。自主学习的有效性在很大程度上依赖学生的基础知识水平，缺乏必要的学习基础将使得进一步的学习变得异常困难。学生不仅会遭遇各种障碍，还可能削弱学习的积极性和主动性。因此，强调自主学习前先建立坚实的知识基础是至关重要的。循序渐进，确保学生在开始深入学习之前，已经掌握必要的基础知识，是自主学习成功的关键。

（2）学习动机。学习动机作为内在驱动力不仅激发学生开始学习的初衷，还持续推动着学习过程，保持学生对学习活动的持续兴趣和投入。学习动机，本质上是学生对知识获取的强烈需求，是学习过程中不可或缺的内部动力。

（3）学习能力。学习能力决定了学生面对挑战和难题时的解决能力，如果学习能力较弱，学生在遇到复杂问题时可能难以找到解决方案，不仅会动摇其学习的信心，还可能导致丧失继续学习的勇气。因此，提高学习能力，特别是问题解决能力和批判性思维能力，对于维持和促进自主学习至关重要。

2. 客观方面的因素

影响远程教育背景下自主学习的客观因素主要包括了两个方面：一方面是自主学习的环境因素，主要涉及学校环境、家庭环境及社会环境；另一方面是自主学习的媒体因素，主要涉及文字教材、音像教材及计算机网上资源等媒体类型。

（1）自主学习的环境因素。学校环境是学生日常学习的主要场所，包括教室、图书馆、实验室、电脑室等硬件设施，以及校园文化、气氛、人际关系和学习支持服务等软环境。一个宽敞、美丽、宁静且舒适的校园，配备完善的学习资源和营造和谐的学习氛围，能够极大地激发学生的学习兴趣，提高学生自主学习的效率和质量。反之，一个嘈杂、杂乱无章的校园则会分散学生的注意力，阻碍学习进程，使自主学习变得困难。家庭环境，包括家庭的经济条件和家庭成员的文化程度、思想观念等，也会对学生的自主学习产生深远影响。良好的经济条件能够为学生提供更多的学习资源，如书籍、电子设备等，创造更加适宜的学习环境。家庭成员的理解和支持是学生自主学习的另一个重要动力，能够增强学生面对学习挑战时的信心和决心。缺乏学习环境的支持，学生可能会遇到更多阻力，影响自主学习的积极性和持续性。社会环境，尤其是社会对学习的态度和学习氛围，对学生的自主学习同样具有不可忽视的影响。在一个崇尚学习、鼓励持续教育的社会中，学生更容易找到学习的动力和支持，面对学习中的困难时也更容易获得帮助。相反，如果社会氛围不重视学习，学生在自主学习的道路上可能会感到孤立无援，遇到的困惑和干扰也会更多。

（2）自主学习的媒体因素。传统的文字教材作为知识传递的主要载体，其质量直接关系到学生能否有效吸收和理解学习内容。随着技术的发展，音像教材和网络资源成了远程教育中不可或缺的组成部分，极大地丰富了学习资源和手段。多媒体教材和网络资源以其直观、互动的特性，对提升学生的学习兴趣、增强学生的学习体验和自主学习效果产生了显著影响。

（四）远程教育背景下自主学习能力的有效培养

1. 激发学生的学习动力

由于远程学生长期处于传统教育环境中，自主学习的意识相对淡薄，因此远程教育机构和教师需要采取积极措施，帮助学生转变学习观念，适应并充分利用远程学习的优势。高校应通过各种渠道宣传远程教育的特点和优势，如灵活性高、可接触到更广泛的资源等，以帮助学生理解和认同新的学习模式。开设介绍性课程或工作坊可以使学生更深入地了解远程学习的理论和实践，从而逐步转变其对学习的传统观念。远程教育中心应通过开展网上答疑、讨论和测试等互动活动，帮助学生快速熟悉远程网络学习环境，并提供即时反馈，增强学生的学习信心，还要促进学生之间的交流与合作，加强学习社区的建设。帮助学生树立对远程学习价值的正确认识，并引导他们通过自身知识技能和智力水平的分析，制订具体可实现的学习目标，是激发学习动机的有效途径。明确的学习目标不仅能够指引学习方向，还能增强学生完成学习任务的决心。在教学过程中，教师应利用各种教学途径和内容，以及激励机制来调动学生的学习积极性。例如，通过设置学习成就奖励、提供展示学习成果的机会或给出个性化学习建议等，可以有效提高学生的参与度和主动性。

2. 丰富学生学习方式

培养远程学生的自主学习能力，特别是教会他们有效的学习方法和丰富的学习策略，有利于提高自主学习的效率和质量。学习策略不仅包括信息处理技巧，还涵盖了时间管理、资源利用、自我监控等多方面的能力。学习策略的熟练掌握和应用能够确保学生在远程学习过程中独立地解决学习问题，有效地组织和调控自己的学习活动。远程教育中，“授之以渔”的教学理念显得尤为重要，这意味着教师的任务不仅是传授知识，更重要的是教会学生如何学习。通过教授学生有效的学习策略，如笔记技巧、思维导图的绘制、关键词提取、批判性思维等，学生才能够更好地理解、记忆和应用知识。在具体的教学过程中，提供充分的策略练习机会对于学生掌握和应用学习策略至关重要。教师应该在教学内容的基础上，提供丰富的范例和练习机会，明确策略使用的条件和范围，帮助学生通过实践来熟悉和掌握各种学习策略。例如，在线讨论、案例分析、模拟实验等活动，都能够有效地促进学习策略的运用。随着网络技术的发展，设计并开发基于网络的远程学习策略指导咨询系统不仅成为可能，而且显得尤为必要。

3. 培养学生自我监控的能力

培养远程学生的自我监控能力是远程教育成功的基础，自我监控能力使学生能够自主地控制和调整学习过程，包括自我识别、规划、管理、评价、修改等各个阶段。有效的自我监控能力能帮助学生识别自己的学习需求，制订和执行合适的学习计划，选择适当的学习策略，以及进行自我评价和及时调整。自我监控的第一步是自我识别，学生需要了解自己的学习风格、优势、弱点和需求。基于其自我认知，学生能够组织和制订出符合个人特点的学习计划，此过程要求学生具备一定的自省能力和目标设定能力。在远程学习中，学生需要自主选择学习策略并管理自己的学习进度，既包括时间管理、资源利用等方面，又包括对学习内容的深度理解和应用。学生必须能够有效执行学习计划，同时在执行过程中灵活调整以适应学习过程中出现的各种情况。自我监控还包括对学习成果的自我评价和根据评价结果进行调整，学生需要定期回顾自己的学习进度，评估学习策略的有效性，识别学习中的问题，并据此调整学习计划和方法。此过程有助于学生不断总结经验，优化学习策略。现代通信技术为学生提供了与教师和教育管理工作者进行有效沟通的渠道，学生可以通过主动利用现代通信技术，获取及时反馈，寻求帮助，共同探索和营建有效的自主学习方式。

4. 增强学生的相互协作

加强远程学生之间的相互协作，增强他们的归属感，是提高远程教育效果的重要策略。马斯洛需求层次理论指出，归属和爱的需要是人的基本心理需求，在远程教育的环境中同样适用。远程学习虽以自主学习为主，但协作学习对于缓解学生的孤独感、心理压力，稳定和增强学习动机具有重要作用。在远程教育中，教师应充分利用技术优势，如网络论坛、社交媒体、视频会议等工具，鼓励学生在虚拟交流空间中进行协作，这是学习内容的讨论，更是一种社会交往的过程，能够显著增强学生的社区归属感。利用信息技术相互协作，学生能够进行思维碰撞，从而用多重观念理解知识和思考问题。交流和讨论可以提高生成性学习的机会，即学生能够在交流中产生新的想法和解决方案，这增加了学习的深度和广度，也使学习过程变得更加有趣和有意义。在远程学习环境中，增强学生的归属感尤为重要。通过建立有效的协作机制，学生可以感受到自己是学习社区的一部分，从而减少孤独感和隔离感。

5. 为学生提供信息技术保障

在远程教育的领域中，信息技术的强大支撑与全面保障在培养学生的自主学习方面发挥着重要作用。信息技术促进了教学内容的有效传播，并将教师的教学和学生的学习紧密联系起来，通过双向的反馈机制，实现了教与学在方式、风格、内容上的最佳契合。信息技术支持使得远程学习变得更加灵活和个性化，满足了学生多样化的学习需求。在现代远程教育环境中，与传统学习方式相比，学生更加需要主动利用各种媒介进行交互。信息技术的应用，如在线教学平台、互动论坛、视频会议工具等，为学生提供了丰富的学习资源和交流平台。信息技术支持增强了学生之间的互动，促进了学生与教材内容以及教师之间的有效互动，使学习过程不再是孤立无援的，而是在持续的互动中进行的，从而达到自主学习的目的。自主学习的成功在很大程度上取决于个体与环境的交互，而支撑交互的信息技术成了自主学习成功的关键因素。有效的信息技术支持能够帮助学生更好地规划学习路径，获取所需资源，解决学习过程中遇到的问题，并进行自我评估和反思。

二、远程教育背景下的学习支持服务

在远程教育中，除了课程材料的创作和设计这一核心环节外，学生学习支持服务系统同样扮演着至关重要的角色。学习支持服务能够保证教育质量，降低辍学率，还能直接影响远程教育的成效。因此，构建一个完善的学习支持服务系统是确保远程教育成功的关键。远程教育提供者不仅要关注教育内容的质量，还要提供全面的学习辅导、技术支持、心理咨询等服务，以满足学生的多元化学习需求，促进其学习进步和个人发展。

（一）学习支持服务的基础内涵

学习支持服务，作为远程教育体系的一个核心组成部分，其重要性随着时间的推移而日益凸显。最初，学习支持服务被构想为解决函授教育中学生辍学问题的一项辅助性措施，主要为课程开发和设计提供必要的补充支持。然而，随着远程教育领域的不断发展和深入研究，学习支持服务已经发展成为远程教育中不可或缺的基本功能，甚至成为新一代远程教育的核心内容。学习支持服务不仅包括学习材料的提供，还包括技术支持、学习策略指导、心理辅导、互动交流等多方面内容，全面地支持学生学习。随着远程教育实践和研究的深入，学习支持服务的理念和体系也变得越来越成熟，为远程学生提供了更为全面和深入的学习辅助，有效地提升了远程教育的质量和学生的满意度。

最初，学习支持服务被理解为师生之间或学生之间的直接面授交流活动，此种理解主要源自对传统校园面授教育模式的亲近和认同。这一界定虽然捕捉到了人际交流在教学过程中的重要性，但其覆盖范围相对有限，未能全面反映学习支持服务的多维度特征。随着时间的推移，人们对学习支持服务的理解有了更广泛的认识。学者开始将学习支持服务界定为师生间或学生间的面授活动，以及基于信息通信技术媒体的双向交流活动两大部分。此种理解包含了传统的人际交流元素，并扩展到了利用现代信息技术进行的远程交流，更加贴近当前远程教育的实际需求。进入远程教育时代后，学习支持服务的概念得到了进一步的扩展，一些学者将其界定为远程学习者在学习过程中所接收的信息、资源、人员和设施的综合支持服务。

（二）学习支持服务的主要类型

1. 学习支持的信息服务

信息服务在远程教育中涵盖了从学校到学生的单向信息传递，如课程注册信息、广播电视教学节目信息以及网络课程教学信息等。此外，信息服务还包括对学生提出的求助信息、咨询信息或反馈信息的响应和答复。

2. 学习支持的人员服务

人员服务在远程教育中涵盖了人际面授活动，以及基于技术媒体的双向通信交互活动。此服务形式的多样性确保了远程学习者能够根据自己的需求和情况选择最合适的辅导方式，从而有效地支持和促进其学习进程。辅导服务或教学辅导是人员服务中最基本且最重要的一种，直接关联学生的学习课程内容。教学辅导通过多种形式实现，既包括集体进行的班级或小组辅导，也包括针对个别学生的一对一辅导。人际面授辅导可以在学生的工作单位、当地学习中心或其他教学基地进行，辅导时间可以安排在工作日或周末，甚至可以通过举办短期课程培训来实现。随着信息技术的发展，通过通信媒介进行的“非面授”和“非连续”的辅导方式日益受到青睐，包括函授辅导、电话辅导、电视辅导、音频视频会议辅导和网络辅导等。

作为教学辅导之外的另一种重要人员支持服务，咨询服务涉及为学生在学习期间遇到的各种问题提供解答、帮助和建议。有关问题可能与学习直接相关，也可能与学习无关，包括技术使用、时间管理、学习策略、心理健康等多个方面。与教学辅导服务相比，咨询服务在功能和内容上具有明显的差异。教学辅导更加关注与课程内容、学科性质及学习方法和策略相关的问题，旨在帮助学生更好地掌握学科知识和提高学习效率。而咨询服务则广泛涵盖了除学科内容外的其他问题，为学生提供更为全面的支持和指导。咨询服务的存在极大地丰富了远程教育的学习支持体系，使学生能够在遇到非学科性问题时也能获得及时和有效的帮助。

3. 学习支持的资源服务

资源服务直接关系到学生能否获得高质量的学习体验，此服务不仅包括提供优质的课程材料、图书馆服务和网络资源服务，还涵盖了改善资源环境、完善资源共享和传播形式，以及收集学生对资源使用的反馈信息等多个方面。资源服务的多样化表现在提供多种形式的教学资源上，包括但不限于课程材料的发送、图书馆服务和网络资源的利用。有关服务形式共同构建了一个全面的学习资源体系，为学生提供了丰富的学习材料和信息。在所有资源服务中，图书馆服务被视为最重要的一种形式。随着技术的进步，图书馆已经从传统的藏书和阅览空间转变为一个电子图书馆，通过计算机网络连接世界各地的大学、图书馆和博物馆，提供丰富的多媒体资源和各种在线资料库、数据库。电子图书馆系统大大拓宽了学生的资源获取渠道，使得资源的获取更加便捷和高效。远程教育院校的图书馆服务应具备开放和远程服务的专业特色，通过建立从校本部到各地学习中心的分布式网络结构，为学生提供无缝的资源访问体验。此网络结构的构建有助于实现资源的均衡分配和高效利用，确保每一位学生都能够获得所需的学习资源。资源服务还包括与其他大学的公共图书馆建立紧密的协作关系，实现资源共享。

4. 学习支持的设施服务

设施服务为远程教育的顺利进行提供了必要的物质和技术基础，远程教育院校及其分布在各地的学习中心或教学站点，通过提供各种学习设施和设备，确保学生能够无缝接入教育资源、有效参与学习活动。有关设施包括图书馆服务、视听设备、通信设备以及计算机和网络服务等，它们共同构成了学生接触知识、进行交流和完成学习任务的基础环境。通过设施服务，远程教育机构不仅能够保障信息服务的有效传播、资源服务的广泛覆盖和人员服务的顺畅进行，还能够显著提升学习效率。

（三）学习支持服务系统的基本结构

远程教育，作为一种师生在时空上分离、高度依赖媒体技术整合教学过程的教育形式，需要为其提供充分的学习支持服务以解决师生互动相对缺乏和非连续性的问题。远程学习的自主性特点虽然赋予了学生更大的灵活性，但也带来了诸多挑战，尤其是在保持学习动力、理解学习内容以及解决学习过程中遇到的困难方面。因此，构建一个有效的学习支持服务体系显得尤为重要。远程教育中的学习支持服务体系以学生为中心，围绕着学生的需求和特点进行设计和实施。学生作为服务体系的核心，其需求和反馈直接影响教学内容的设计、教学方法的选择以及学习资源的配置。在远程教育体系中，教师不再仅仅是知识的传授者，更是学生学习过程的引导者和支持者。教师通过在线教学平台、视频会议、电子邮件等通信媒介与学生保持联系，提供必要的教学辅导、答疑解惑服务，促进学生学习进步。

在远程教育的支持服务系统中，教师和学生之间的角色有了明确分配：教师是服务的提供者，而学生则是服务的接收者。此体系允许教师根据学生的个性化需求和特点，通过现代通信媒介如互联网、电子邮件等进行富有成效的双向交流。教师不仅要在此过程中提供学习内容的解释、答疑解惑等直接教学支持，同时要致力构建和丰富以通信媒体为载体的教育资源库，包括在线课程、电子图书馆资源、互动论坛等，以满足学生对知识的探索和学习的深化。学生能够在自主学习的过程中获得必要的引导和支持，而教师的角色也从传统的知识传递者转变为学习过程的促进者和引导者，师生共同构建一个高效、互动的学习环境。

学习支持服务系统有着开放性、丰富性、选择性、灵活性和远程性的特征，旨在为学生构建一个有效的学习引导机制和完善的学习服务体系。该系统提供准确、及时且有效的信息服务，并关注学生的个性化需求，提供个性化的职业生涯和职业发展服务，确保了学生能够在远程教育的环境中获得必要的支持和引导，同时促进了他们的个人和职业成长。

学习支持服务系统在远程教育中的实施，应始终坚持以学生为主体的原则，旨在为学生的自主学习和个别化学习需求提供全方位的支持。它包括管理、咨询、辅导、答疑和沟通等多种服务，共同营造一个有利于学生自主学习的环境。通过学习支持服务系统，远程教育不仅能够提供丰富的学习资源，并且能构建一种促进学生间平等、互助和相互理解的学习模式，从而营造一个更具活力的学习社区。为了加强远程教育学生支持服务的有效性，远程教育机构应不断探索和创新学习支持服务的提供方式，包括利用现代信息技术手段，如在线论坛、社交媒体和视频会议工具，以促进学生之间的互动和合作。通过有关平台，学生能够分享知识和学习经验，相互支持和鼓励，有效减少自主学习过程中可能产生的孤独感。

（四）学习支持服务系统的构建原则

为了确保对远程教育学习的实际推动作用，基于现代远程教育的学习支持服务系统的构建应遵循以下几点基本原则。

1. 以学生为中心的原则

遵循以学生为中心的原则，意味着远程教育必须在其核心运作中尊重和理解学生的个性化需求和差异。教育提供者不仅仅是知识的传递者，更是学习体验的设计师，需要从学生的视角出发，设计和提供符合其学习习惯、兴趣和目标的教育产品和服务。在这一过程中，学习支持服务的构建应涵盖对学习内容的个性化选择、学习路径的灵活性设计，以及学习进度的自我调节等方面，确保学生能够根据自己的节奏和兴趣进行学习。

2. 多元化原则

遵循多元化原则是构建学习支持服务系统的关键策略之一，此原则强调在为学生提供支持和帮助时，必须考虑到学习过程中各个环节的需求，确保服务项目和内容的多样性和全面性。具体而言，服务内容的多元化旨在满足学生在不同学习阶段、不同学科领域乃至不同学习风格上的需求，从而促进其全面发展。在学习资源服务方面，多元化原则要求提供从基础到高级、从传统到现代的各类学习资源，包括但不限于传统的文字教材和学习指导，以及利用现代技术开发的多媒体课件、电子教案等，既能够保障学生获取必要的基础知识，又能够通过高质量的资源激发学生的学习兴趣和创新思维。

3. 综合性原则

在现代教育环境中，学习支持服务系统的设计与构建是一个复杂且细致的过程，要求在内容以及形式上体现出一种综合的优化思维。综合性原则要求教育技术者在系统开发过程中进行全面考虑，确保系统能够以最高效的方式满足学生的需求。综合性原则强调在学习支持服务系统的每一个环节实现整体优化，从系统的设计初期就需要对各个要素进行精心选择和配置，通过合理的功能区分、资源配置以及媒体选择来达到最佳的学习效果。例如，在选择学习资源时，需要考虑资源的多样性、互动性和可访问性，以确保所有学生都能根据自己的需要找到合适的学习材料。在构建学习支持服务系统时，综合性原则要求我们充分考虑服务需求的分析、服务目标的设定、服务策略的选择、学习资源的传递，以及服务效果的评价等多个方面，确保系统能够提供全程、全方位的支持。

4. 及时性原则

及时性原则在学习支持服务系统中占据着核心地位，强调教育服务的反应速度和资源更新的时效性，确保学生在追求知识和技能提升的过程中得到及时且有效的支持。该原则要求教师及时回应学生的疑问和需求，缩短他们之间的交互时间，还要求系统能够敏感地捕捉到学科知识、社会需求，以及科技进展的最新动态，以此为依据不断优化和更新学习资源。遵循及时性原则，意味着学习支持服务系统必须具备高度的灵活性和适应性，能够迅速调整服务策略和方式，以适应教育环境的变化。适时的调整和更新可以大大增强学习的相关性和实用性，使学生在最短的时间内获得最新的知识信息和技术技能，从而提升学习效率和成效。

5. 适应性原则

适应性原则在构建学习支持服务系统时发挥着至关重要的作用，确保系统的设计和服务能够紧密贴合每位远程学习者的具体需求和实际情况。适应性原则的核心在于提供个性化服务，它认识到学生在年龄、性别、职业、个性、学习经历、动机以及经济状况等方面存在显著差异，这些差异对学习支持服务系统的需求有直接影响。因此，学习支持服务系统必须具备高度的灵活性和敏感性，以便对这些差异做出快速反应，并且提供适宜的服务内容和项目。遵循适应性原则意味着，在服务内容和项目的设置上，必须考虑到学生的多样化需求，确保服务方式与学生的实际生活和学习环境相适应。例如，对于工作繁忙的成人学生，提供灵活的学习时间和自主选择的学习资源将极大地提高他们的学习便利性和效率。同样，针对经济条件有限的学生，提供免费或低成本的学习资源和服务是确保他们拥有接受教育的机会的关键。适应性原则还强调使用技术手段来实现个性化学习路径和内容的定制，通过数据分析和学习行为跟踪，系统可以更精确地识别学生的偏好、能力和进展，从而提供更符合其需求的学习材料和活动。

6. 因地制宜原则

因地制宜原则在远程教育的学习支持服务系统构建中扮演着关键角色，其认识到由于各地经济和文化发展的差异，远程教育不能采用统一模式进行推广。特别是在经济和文化发展相对滞后的地区，该原则的应用要求教师在设计和实施远程教育项目时，既要遵循现代远程教育的基本原则和要求，也要充分考虑当地的具体条件，选择最适合当地实际情况的教育技术和传播媒介。远程教育的学习支持服务系统应该是多元化的，结合各种技术手段和媒介，以满足不同地区的特定需求。在经济发达地区，基于互联网的学习平台和现代化的多媒体资源可能是提高教育质量和学习效率的最佳选择。这些地区的学生可以轻易地获取到网络资源，参与在线互动和协作学习。然而，在经济相对落后的西部地区，网络基础设施可能不足以支持广泛的在线教育活动，此时，运用数字卫星电视和音像等传统媒体可以为难以访问互联网资源的学生提供有效的学习支持，确保他们也能享受远程教育带来的好处。因地制宜原则还强调从远程教育经济学的角度考虑问题，在构建学习支持服务系统时，不仅要考虑技术的适用性和教育资源的有效性，还要考虑成本效益。对于资源有限的地区，选择成本效率更高、维护更简单的教育技术和媒介可能更加实用和可行。

第二节　信息化时代下的高校慕课教学模式改革实践

一、慕课教学模式的概述

（一）慕课的起源及其发展

慕课（Massive Open Online Course, MOOC），作为大规模开放在线课程的典型代表，标志着教育技术和开放教育资源运动进入了一个重要发展阶段。从 20 世纪 60 年代的概念萌芽到 21 世纪的蓬勃发展，慕课经历了从理念到实践的长足进步，极大地扩展了教育的范围，深刻地影响了全球的学习方式和教育观念。20 世纪 60 年代，美国发明家道格拉斯·恩格尔巴特（Douglas Engelbart）提出使用计算机技术改革教育系统的想法，这一思想预示了信息技术在教育中的广泛应用。随着时间的推移，此理念逐渐得到发展和实践，直至 2008 年，慕课概念的提出，标志着慕课作为一种新型教育形态正式进入公众视野。在慕课的发展早期，以“连通主义和关联知识”课程为例，课程采用了开放的教学理念和集体智慧的方法，吸引了全球数千名学习者参与，成为开放教育资源运动的重要里程碑。该课程的成功展示了慕课在促进知识共享、增强学习者参与和推动教育公平方面的巨大潜力。随后，xMOOC 的出现进一步推动了慕课的发展。与早期慕课注重开放性和参与性不同，xMOOC更加注重课程内容的质量和学习效果的可测量性，通过短视频讲授、在线测验和同伴互评等方式，为学习者提供更加结构化和标准化的学习体验。慕课的发展是技术的进步，更是教育理念和模式变革的体现。其打破了传统教育中时间和空间的限制，使得任何有网络连接的人都可以接触由世界各地顶尖大学和教育机构提供的高质量课程。其开放性增加了教育的可达性，还促进了全球范围内的知识交流和文化互鉴。然而，慕课的发展也面临着挑战，比如如何保证教育质量、如何提高学习者的完成率、如何实现教育的个性化和定制化等，一系列问题要求教育者、技术开发者和政策制定者共同思考和探索新的解决方案。未来，慕课有望继续引领教育创新，通过更加智能化的学习平台、更加丰富的课程内容和更加精准个性化的学习体验，满足全球学习者的多元化需求。随着人工智能、大数据分析和区块链等先进技术的融合应用，慕课的教学模式和学习体验将进一步优化，为学习者提供更加高效、互动和个性化的学习路径。

（二）慕课的基本特征

1. 资源共享性

资源共享性在教育领域的发展中起到了革命性的作用，特别是在教师资源和学习材料的共享方面。此变革改变了教育的传播方式，极大地扩展了教育的覆盖面，使得学习不再受地理位置和经济条件的限制。在古代个别教育制度下，教育资源的获取极为有限，学习机会大多数集中在少数贵族和上层社会手中。学生必须到教师那里接受教学，此方式不但效率低下，而且无法保证教育质量的均衡。随着印刷术的发明和班级授课制度的出现，教育开始向更广泛的社会群体扩散，但依旧未能彻底解决教育资源分配不均的问题。进入21世纪，互联网技术的飞速发展彻底改变了这一局面。网络平台的出现打破了时间和空间的界限，使得优秀的教师资源和丰富的学习材料能够在全球范围内共享。慕课、微课以及翻转课堂等新型教育模式的兴起，借助互联网平台为数以亿计的学习者提供了前所未有的学习机会。有关平台通过提供免费或低成本的在线课程，极大地降低了接受高质量教育的门槛，使得任何人都可以随时随地访问顶尖大学的课程。关联主义的提出进一步强调了学习的社会性和互动性，学习不再是孤立的个人行为，而是通过互联网连接成一个巨大的网络，每个学习者都可以是信息的传递者和接收者。此学习模式的实现，得益于社交媒体、论坛和在线讨论组等网络工具的普及，学习者可以轻松地分享知识、讨论问题，促进了知识的深入理解和创新。网络技术的发展也促进了个性化学习的实现，通过数据分析和人工智能算法，教育平台能够根据学习者的行为和偏好提供定制化的学习路径和资源，从而更有效地满足不同学习者的需求。个性化的学习方式提高了学习效率，增强了学习者的主动性并提高了其参与度。

2. 效益性

效益性在教育领域的应用，特别是在慕课教育中的体现，标志着教育方式的一次重要转变，这一转变不仅涉及教学内容的传递方式，更重要的是，它重新定义了学习者的角色和学习过程的本质。在当今快速发展且知识更新速度日益加快的时代，慕课教育通过提供灵活、个性化的学习途径，显著提高了学习的效率，正是其突出的效益性，使得慕课教育在现代教育体系中占据了不可或缺的地位。效益性首先体现在慕课教育能够使学习者按照自己的节奏和兴趣进行学习。不同于传统教育模式下的统一进度和固定课表，慕课教育提供了一种更为灵活的学习方式。学习者可以根据自己的时间安排和学习能力选择合适的课程，同时可以根据兴趣深入学习特定领域的知识，此学习方式大大提高了学习的自主性和主动性，从而提高了学习的积极性和效率。效益性还体现在慕课教育对学习资源的优化配置上，传统的教育资源往往受限于物理空间和教育机构的物质条件，而慕课平台通过网络将世界各地的优质教育资源汇聚起来，为学习者提供了海量的学习材料和多样化的学习选择，拓宽了学习者的视野，而且通过精准匹配学习内容和学习者的需求，实现了资源的最大化利用。在效益性的推动下，慕课教育还促进了学习方法的革新。在自主学习的过程中，学习者要学会筛选和吸收知识，以及如何高效地解决问题。以问题为中心的学习方式鼓励学习者通过实践来巩固和应用知识，从而在实际操作中提升解决问题的能力。许多慕课平台还提供了互动讨论区，使学习者能够与全球的同学进行交流和讨论，丰富了学习体验，并在潜移默化中培养批判性思维和创新能力。然而，要充分发挥慕课教育的效益性，还需要解决一些挑战，比如如何提高学习者的完成率、如何确保在线学习的质量以及如何评估和认证学习成果等。诸多问题的解决需要教育者、技术开发者和政策制定者共同努力，通过不断优化教学内容、改进教学方法以及建立有效的评估机制来实现。

3. 复合学习性

复合学习性的概念在当代教育领域逐渐成为一种重要趋势，它代表了教育方式的多样化和个性化，反映了教育模式从单一向复合的转变，为学习者提供了更为丰富的学习途径，也更好地应对了现代社会对知识和技能多元需求的挑战。在传统教育模式中，学习通常依赖教室内的授课和教师的直接指导，在一定程度上限制了学习的时空范围和内容的广度。随着信息技术的发展和互联网的普及，学习方式开始发生根本性的变化。慕课的兴起，特别是它所代表的复合学习模式，成了此种变化的典型代表。复合学习将线上学习和线下学习有机结合，扩大了学习的时空界限，增加了学习的互动性和实践性。通过慕课、微课、翻转课堂等线上学习形式，使学习者能够随时随地通过互联网接触全球的优质教育资源，此学习方式的灵活性和便捷性显著提高了学习的效率。同时，线上学习还为学习者提供了一个平台，通过论坛、社交媒体等工具，学习者可以与世界各地的同学进行交流和讨论，共享学习经验，拓宽知识视野。不过，线下学习依旧有其不可替代的价值。在课堂互动、小组讨论、实地考察等活动中，学习者能够通过面对面的交流和合作，加深对知识的理解和应用。线下学习也为学习者提供了实践操作的机会，通过实验、项目制作等方式，将理论知识转化为实际技能。复合学习的实施，使得学习过程更加契合个体差异，学习者可以根据自己的学习习惯、兴趣爱好和知识需求，灵活选择学习内容和方式。这种个性化的学习路径有助于激发学习者的主动性和创造力，进而提升学习效果。

4. 自主性

自主性在现代教育中占据了核心地位，尤其是在慕课教育模式下，它被赋予了新的意义和更广阔的应用范围。慕课教育的兴起不仅改变了传统的学习方式，更重要的是，它强调了学习者自我教育的重要性，赋予了学习者更大的自主权和选择权，从而使教育更加个性化、灵活化。在慕课教育环境中，自主性体现在多个层面。学习者可以根据自己的时间和学习节奏选择学习时间，无须受到地点和时间的限制，这使得学习者能够在工作、生活与学习之间找到平衡，从而有效提高学习效率。慕课提供了丰富的课程资源，学习者可以根据自己的兴趣爱好和职业发展需要自主选择课程，这在很大程度上增加了学习的针对性和实用性。自主性的培养还要求学习者具备自我管理和自我监督的能力，在慕课学习过程中，学习者需要自己制订学习计划，合理安排学习时间，确保学习任务的完成。这需要学习者有高度的自我激励能力，以及良好的时间管理和自我控制能力。学习者还应能够自主识别和解决学习过程中遇到的问题，通过查找资源、参与讨论等方式积极寻求解决方案，进一步提高自主学习能力。教育者在自主性学习中扮演的角色也在发生变化，传统教育模式下，教育者是知识的传递者和学习过程的主导者，而在慕课教育中，教育者扮演的是引导者和辅助者的角色。他们通过提供高质量的学习资源、设计合理的学习活动和任务、给予学习者反馈和建议，帮助学习者构建知识框架，激发学习者的学习兴趣，培养学习者的批判性思维和创新能力。自主性学习的推广，对学习者而言，是一种解放思想、发挥潜能的过程；对教育者而言，则是一种教学观念和教学方法的更新。这种教育模式的转变，有利于培养学习者的自主性、创新性和终身学习能力，使学习者更好地适应快速变化的社会和经济发展需求。

（三）慕课的组成部分分析

1. 网络平台

网络平台在现代教育体系中发挥了重要作用，尤其是在慕课的发展过程中，网络平台作为技术支撑的基础，是连接教师、学生和教学资源的重要桥梁。通过高效的互联网技术，慕课网络平台成功地将教育资源数字化、全球化，为广大学习者提供了前所未有的学习便利性和可及性。网络平台的核心价值在于其开放性和互动性。开放性保证了任何人都可以自由访问平台上的教育资源，不受时间和地点的限制，大大拓宽了教育的边界，使得高质量的教育资源得以广泛传播。互动性则通过论坛、评论区、即时消息等功能实现，为学习者提供了一个交流沟通的空间，使得学习不再是孤立的过程，而是一个协作和共享的过程。网络平台的多样化也体现了慕课教育的灵活性和包容性，根据不同的教育需求，网络平台可以被划分为服务高等教育、基础教育以及职业教育的慕课平台。

2. 网络视频课程

网络视频课程在慕课平台的发展中占据着核心地位，为现代教育模式带来了深刻的变革。通过将传统课堂的教学内容转化为在线视频，慕课成功地突破了时间和空间的限制，为全球学习者提供了高质量、易于接入的学习资源，增强了学习的自主性，还极大地提升了教育资源的可及性和共享性。网络视频课程的设计考虑到了互联网授课的特点和要求，课程时长和结构都经过精心安排以适应在线学习的环境。一般而言，每门课程的授课时间为 4 至 6 周，每次课程的视频长度被精心控制在 8 至 15 分钟，这是基于网络学习者的注意力分散和学习习惯进行的适应性设计。为了保证学习内容的时效性与灵活性，课程内容会定期更新，确保学习者能够接触最新的知识和信息。慕课平台的视频课程不仅仅是单向的知识传递，它们通常结合了多种教学元素，如嵌入式小测验、课后测验、结业考试和课程讨论区等，以增加课程的互动性和参与感，帮助学习者巩固和检测学习成果，促进学习者之间以及学习者与教师之间的交流和讨论，从而形成一个活跃的学习社区。课程视频的可下载性也是慕课教育的一大特色，学习者可以根据自己的需要多次观看课程视频，这一点对于加深理解和灵活掌握学习进度具有重要意义。与此同时，慕课平台上活跃的讨论区域为学习者提供了一个分享观点、解决问题的空间，有助于培养学习者的批判性思维和创新能力。慕课的教学模式之所以能够在短时间内获得广泛的认可和应用，不仅在于其促进了教育资源的共享，更在于其有效地促进了教师与学生、学生与学生之间的互动交流。通过将线上课程测试和考核相结合，慕课为学习者提供了一个结构完善、内容丰富的学习平台，极大地丰富了学生的学习体验并提高了学习质量。

3. 教师

在慕课的在线网络平台中，教师的角色经历了显著转变，他们成了学习过程中的引导者和互动的促进者。慕课教师不仅要拥有扎实的专业知识，而且要具备适应网络教学特点的多元化授课技巧，以满足全球学习者的多样化需求。慕课的教学模式打破了传统课堂的时间和空间限制，使学习变得更加自由和灵活。教师通过提前录制的视频进行授课，允许学习者根据自己的时间安排自主学习，同时提高了学习材料的可重复利用性。然而慕课的教学模式也对教师提出了新的挑战，如何在没有面对面互动的情况下保持学习者的参与度和兴趣，成为慕课教师需要解决的关键问题。为了适应在线教学的需要，慕课教师必须学会如何有效利用视频和其他多媒体工具来展示教学内容，使之既丰富又吸引人。教师还需要设计互动性强的活动，如微课堂小测、课后讨论等，通过有关方式促进学习者之间的互动，增强学习体验。这要求教师具备高水平的教学设计能力，并且能够熟练运用网络平台的各项功能，以便于及时回应学习者的问题和需求。慕课平台上的教师还需要具备跨文化交流的能力，由于慕课的学习者来自世界各地，具有不同的文化背景和学习习惯，教师在授课时需要考虑到这些差异，采取包容和尊重多样性的态度。

4. 学习者

慕课在线网络平台的出现，彻底改变了传统教育的模式，为全球范围内的学习者提供了前所未有的学习机会。学习者在此教育模式中的角色尤为关键，他们的多元化背景和广泛的学习需求促使教育内容和形式不断创新和优化。学习者的多样性是慕课平台的一大特色，来自不同国家、拥有不同文化背景和语言的学习者会聚于此，带来了各自独特的视角和学习经验，为学习交流和课程内容的丰富性提供了保障。多元化增强了课程的国际化特色，也为学习者之间的互动交流创造了更多可能性。学习者的学习动机和需求同样多样，有的学习者追求专业知识的深化和拓展，希望通过学习提升自己的职业能力；有的学习者则是出于个人兴趣，对某一领域的知识充满好奇；还有的学习者希望通过学习获取最新的行业动态，了解最新的技术，以便更好地适应社会变革。多样的学习需求要求慕课平台提供更加灵活、多元的课程内容和学习方式，以实现不同学习者的个性化学习目标。面对如此多样化的学习者群体，教学理念、方法和考核方式的调整显得尤为重要。教学内容不仅要注重知识的广度和深度，还要考虑到课程的国际化和跨文化因素，使所有学习者都能从中获益。

科技的进步为慕课的发展提供了坚实的基础，网络技术的普及、大数据、人工智能和云计算的革新等都极大地推动了慕课平台的成长与推广。有关技术的融合使得教育资源的共享变得更为高效便捷，也为慕课的教学模式和管理方式带来了根本性的变革。在网络普及的今天，通过电脑和移动设备接入互联网学习新知识成为人们的新习惯，此种现象促进了慕课模式的兴起与发展。慕课利用网络平台打破了传统教育的时空限制，让学习者能够随时随地访问丰富的学习资源，实现了从被动接受知识到主动寻求知识的转变。慕课的灵活性和开放性也为高校教育模式的创新提供了新的可能，将学习的边界从课堂延伸至课外，实现了学习方式的多样化。巨额资金的投入是慕课快速成长的另一个重要因素，随着慕课平台的商业化经营，更多的优质资源得以引入，提高了慕课平台的教育质量和服务水平，使得平台的管理和运营更为规范和高效。商业化模式的成功实践吸引了更多的投资，形成了一个良性循环，为慕课的持续发展提供了强劲的动力。

二、慕课教学改变大学生学习方式的优势所在

（一）打破大学生学习的时空界限

慕课的出现彻底革新了传统教育的学习模式，打破了学习的时空界限，为全球学习者提供了前所未有的学习自由度和灵活性。就大学生而言，慕课教育形式的核心优势在于其能够让大学生摆脱固定的上课时间和地点的束缚，实现随时随地的学习。在传统教育模式下，大学生必须按照预设的时间表到指定的地点学习，在很大程度上限制了学习的效率和可能性。而慕课的兴起，使得大学生只需一台连接互联网的设备，之

后无论身处何地，无论何时，他们都能够接触丰富的学习资源，并按照自己的学习节奏和兴趣进行学习。更为重要的是，慕课允许大学生根据个人需求反复学习，哪怕是数年之后重新学习某一课程，也能够轻松实现。慕课不仅在时间和空间上提供了极大的灵活性，还在内容上进行了拓展和创新。传统学习内容往往受限于学校教育体系的固定框架，而慕课则突破了这一局限，将课程内容扩展到大学生感兴趣的各个领域，无论是专业知识，还是通识教育，或是兴趣爱好，大学生都能在慕课平台上找到所需的资源。内容的多样性和开放性极大地丰富了大学生的学习选择，激发了他们的学习兴趣，促进了他们主动学习的态度和习惯的形成。慕课的学习模式对大学生的综合素质发展具有重要意义，不仅为大学生提供了一个自主学习的平台，还会通过丰富的课程内容，帮助大学生拓宽知识视野，提高自我学习能力，促进个人的全面发展。

（二）慕课将学习变为乐趣

慕课的兴起彻底颠覆了传统的教育模式，为学习注入了新的活力和乐趣。在传统课堂中，学习内容和进度往往由教师单方面决定，容易让学生感到乏味和被动，从而失去学习的兴趣。而慕课通过引入多种信息媒体和互动平台，极大地丰富了教学手段和学习体验，激发了大学生对学习的热情和兴趣。慕课使用动画、图形、影像、声音等多种形式呈现教学资源，多媒体的教学方式使学习内容更加生动有趣，还能帮助学生更好地理解和记忆知识点。与此同时，慕课平台提供的讨论区、互动问答等功能，为大学生提供了一个思考、探究、合作和交流的空间，互动性的学习环境有助于提高学习的主动性和参与度。更为重要的是，慕课赋予了大学生更大的自主权，使他们可以根据个人的兴趣、能力和需求选择合适的学习内容，按照自己擅长的方式进行学习。个性化的学习路径有效满足了大学生的个性化需求，使学习过程变得更加贴合个人发展，从而将学习转变为一种享受和乐趣。当学习成为乐趣时，大学生的学习态度将会发生根本性转变。他们将以一种轻松、快乐的心态投入学习，有效促进学习能力的提升。

（三）自主学习在慕课背景下成为主流

在当代教育领域，自主学习的理念日益成为主流，特别是在慕课这一新型在线学习平台中，此趋势表现得尤为明显。与传统课堂教学模式相比，慕课赋予大学生更多的自主性，使他们从学习的被动接受者转变为主动参与者。在慕课平台上，大学生拥有了前所未有的学习自由。他们可以根据个人的兴趣和需求自主选择学习目标和内容，同时能够自由决定学习的方法和材料，自主选择的权利极大地提升了学习的针对性和有效性。更重要的是，学习的时间和空间得到了极大的拓展，学生不再受限于固定的课堂和时间表，他们可以在任何时间、任何地点进行学习，无论是通过视频课程，还是参与在线讨论，都能按照自己的节奏推进学习进程。慕课平台上的自主学习还鼓励大学生进行自我反思和评估，通过对自己的学习行为进行监控和分析，大学生可以更好地了解自己的学习习惯和不足，从而有针对性地调整学习策略。这一过程提高了大学生的自我管理能力，促进了大学生独立学习和合作学习能力的发展。慕课通过其灵活多样的学习形式和丰富的教学资源，激发了大学生的自主学习意识，使学习变得更加主动和富有成效。

三、信息化时代下的高校慕课教学模式

（一）cMOOC 教学模式

1. cMOOC 教学模式的基本学习活动

cMOOC（connectivist Massive Open Online Course）模式，凭借其开放性、互联性和参与性等特征，为学习者提供了一个灵活多样的学习环境。慕课模式强调的是学习者之间的连接和网络构建，以及通过

有关连接进行知识的共享和构建。cMOOC 的基本学习活动包括传统的课程学习，以及丰富的社交互动和个人知识创造。学习者通过注册和浏览平台中的课程开始他们的学习旅程，这一步骤为学习者打开了知识的大门。紧接着，他们需要收集由教师提供的各种学习资料，包括视频讲座、阅读材料、在线资源等。更为关键的是，cMOOC 强调了学习者之间的交流和分享。学习者在掌握了基本的课程知识之后，被鼓励在讨论组中与其他学习者进行深入的交流和讨论，分享自己的学习心得和感受。这一过程促进了学习者之间的知识交流，还有助于构建学习社区，增强学习的社会化和协作性。cMOOC 还鼓励学习者利用空闲时间创造和分享个人学习资料，如学习笔记、心得体会或相关项目。创造活动可以巩固和深化学习者对知识的理解，能够促进学习者的创新思维和实践能力的发展。cMOOC 模式还充分利用了社交媒体工具，如微博、微信、博客等社交媒体工具，为学习者提供了更加广阔的学习以及交流平台。

2. cMOOC 教学模式的基本特征

cMOOC 模式以其独特的教育理念和学习方式，为现代教育领域带来了一场创新的风暴。此模式强调的是学习者的连接、网络建构，以及知识的共享与协作，其特征明显区别于传统的课堂教学模式。在 cMOOC 模式中，教师的角色发生了根本性的转变。教师不再是知识的唯一传递者和课堂的绝对主导者，而是转变为学习者的引导者和协助者。他们为学习者提供学习资源，指导学习者如何在庞大的信息海洋中筛选和利用这些资源，促进学习者之间的互动和知识的交流。cMOOC 课程模式强调学习者的自主性和自控能力，要求学习者具有较强的自主学习能力，能够根据自己的学习需求和兴趣，自行规划和调整学习进度和内容。学习者需要独立地管理自己的学习过程，发掘和利用网络资源，实现个性化学习。小组讨论和协作学习是 cMOOC 课程模式的另一大特色，学习者被鼓励参与小组讨论，与其他学习者共同构建学习框架，分享和交流学习经验，这能够帮助学习者构建自己的知识体系，促进学习者之间的相互理解和支持，加深学习的社会化体验。通过交流讨论和资源共享，学习者能够不断扩展自己的知识范围。cMOOC 模式鼓励学习者在互动中寻找新的学习收获，分享个人的学习材料和经验不仅丰富了学习资源库，还促进了知识的传播和创新。

3. cMOOC 教学模式的应用策略及方式

cMOOC 的应用策略及方式为现代学习者提供了一条全新的学习路径，旨在通过网络和社交媒体平台实现知识的共享、学习的互动以及能力的提升。针对如何有效进行 cMOOC 学习，研究者和实践者提出的策略和方法，有助于学习者更好地适应新型学习模式，也为他们的个人成长和专业发展奠定了坚实的基础。确定学习目标是成功学习慕课的第一步，明确的学习目标能够帮助学习者有针对性地选择课程和学习材料，从而在庞杂的网络信息中有效筛选出对自己真正有帮助的内容。积极在社交平台上展示学习能力，可以增加个人曝光度，有助于建立学习网络和社交圈。通过交流和分享，学习者可以获得更多的学习资源和反馈，促进学习效率的提高。构建个人学习框架是 cMOOC 学习的又一重要环节，这一策略鼓励学习者根据自己的学习习惯和偏好设计学习计划和方法，通过自我管理和自我调整，使学习过程更加系统化和规范化。学习交流和参与学习小组活动也是不可或缺的环节，通过与他人的学习交流，学习者可以获得新知识，还能够从不同的视角审视和思考问题，拓宽思维。同时，团队协作能够锻炼学习者的沟通能力和协作能力。学习者应该注意学习进度与个人能力的协调，合理安排学习时间，量力而行，避免盲目跟风选择学习内容，确保学习过程中既有挑战，也有成就，这样才能保持学习的动力和兴趣。

（二）xMOOC 教学模式

xMOOC（extended Massive Open Online Course）作为慕课的一种发展模式，其教学理念和课程结构在很大程度上吸收了传统课堂教学的特点，同时利用现代信息技术，为学习者提供了一个相对灵活、开放的学习环境。与 cMOOC 侧重于学习者之间的连接和协作不同，xMOOC 更注重于内容的传递和学习者的个人学习进程。xMOOC 课程模式要求学习者在开始学习前进行注册，并根据个人的时间安排合理规划学习进度，虽然赋予了学习者一定的自主权，但也保留了传统教学模式中对学习进度和学习质量的要求。通过提前了解课程内容和要求，学习者可以更有针对性地学习，使学习效率得到保证。xMOOC 的学习周期通常设定为 10 周左右，相比于传统的学期制课程，这一学习周期较短，但密度较大，要求学习者在较短的时间内掌握相对集中的学习内容。紧凑的学习安排使得学习者需要具备较强的时间管理能力和自我驱动能力，以适应快节奏的学习需求。为了增强学习的互动性和实践性，xMOOC 在课程实施过程中融入了多种课程组件。课堂测试可以帮助学习者及时检验学习成果，还能够促进学习者对知识的巩固和深化。学习讨论区为学习者提供了一个分享观点、解决疑惑的平台，通过与同学、教师的交流讨论，学习者可以获得更多的学习资源和反馈，从而拓宽知识视野。课程视频作为 xMOOC 的核心学习材料，通过高质量的视频讲座，将复杂的知识点以直观、生动的形式呈现给学习者，从而大大提高了学习的趣味性和有效性。

第三节　信息化时代下的高校翻转课堂教学模式改革实践

一、翻转课堂教学模式的概述

（一）翻转课堂教学模式的起源及内涵

1. 翻转课堂教学模式的起源

翻转课堂作为一种创新的教育模式，其起源可以追溯到 19 世纪早期，当时美国西点军校采用了一种前瞻性的教学方法，要求学生在课堂教学之前自行学习教师提供的资料，课堂上则通过小组协作学习和引导学生进行批判性思考的方式进行教学。尽管翻转课堂教学形式并未在当时得到推广，可它无疑为后来的翻转课堂教学模式奠定了基础。进入 21 世纪，翻转课堂的概念开始逐渐清晰并得到广泛应用。2000 年，格伦·普拉特（Glenn Platt）、莫琳·拉赫（Maureen Lage）和迈克尔·特雷格拉（Michael Treglia）共同发表论文，并在美国迈阿密大学尝试打破原有的教学观念束缚。他们制作讲解视频并要求学生在非课堂时间自主学习，课堂上则侧重于小组讨论和作业练习，这种模式初步体现了翻转课堂的形态。翻转课堂的核心在于将传统教学模式中的知识传授和课后练习环节进行调换，即让学生在课外通过视频或其他数字资源自主学习理论知识，将课堂时间留给更加需要教师指导的活动，如讨论、实践操作和问题解决等。翻转课堂教学模式有效地利用了课堂时间，提高了学生的学习效率和课堂参与度，同时促进了学生批判性思维能力和解决问题能力的提高。翻转课堂教学模式的应用和推广，得益于现代信息技术的发展，特别是互联网和多媒体技术的普及。在线资源的便捷性和丰富性为学生的自主学习奠定了基础，同时为教师创新教学方法提供了更多可能性。在翻转课堂教学模式下，教师的角色从知识的直接传授者转变为学习的引导者和促进者，更加注重激发学生主动学习的兴趣和能力。随着教育理念的不断创新和教学技术的不断进步，翻转课堂作为一种有效的教学模式，正越来越多地被应用于各级各类教育中，展现出其独特的价值和广阔的发展前景。

2007 年，乔纳森·伯格曼（Jonathan Bergmann）和亚伦·萨姆（Aaron Sams）两位化学教师的创新尝试，标志着翻转课堂教学模式在实践中走出了重要的一步。他们通过将讲解视频发布在网上，使学生可以在课外自主学习，而课堂时间则用于解决学生的疑难问题和进行深入讨论，此种做法有效地将课堂的重心从“教”转移到了“学”，极大地提高了学习的效率和质量。此教学模式的成功实践很快受到了师生的广泛欢迎，乔纳森和亚伦进一步通过举办“翻转课堂开放日”等活动，扩大了翻转课堂教学模式的影响力，展示了翻转课堂的教学效果，吸引了众多教育工作者的关注，有效促进了翻转课堂教学模式的推广。在中国，翻转课堂的推广和应用得益于开放教育资源运动的兴起。高质量教学资源的涌现，为翻转课堂的实施提供了丰富的资源支持。此类优质资源的利用，不仅为学生提供了更加丰富的学习材料，也使教师能够更好地组织和规划课堂活动，从而有效提升教学质量和学习效果。

2011 年，我国某中学对翻转课堂教学模式进行了深入探讨和长期实践研究，最终总结出了“课前四步”和“课中五环”的教学策略，为翻转课堂的有效实施提供了实践指南。这一成果不仅对该中学的教学改革产生了重要影响，也为其他学校提供了可借鉴的经验。“课前四步”主要强调了教师在上课前的准备工作，确保学生能够在课堂之外自主学习和探索。设计导学案的目的是为学生提供学习的方向和目标，引导他们在自主学习中有的放矢；制订学生自主学习计划则旨在帮助学生合理安排学习时间，提高学习效率；录制教学视频为学生提供了灵活的学习方式，学生可以根据自己的时间自由学习；而制订个别学生的辅导计划则体现了对学生个体差异的关注，确保每位学生都能得到适合自己的学习指导。“课中五环”的实施则是翻转课堂教学模式的核心部分，它强调了课堂上教师与学生之间的互动和合作。通过与学生达成合作，探究目标，教师与学生共同参与知识的探索过程，增强学习的参与感和实践性。布置相关知识的巩固练习，帮助学生巩固课前通过视频学到的知识。进行知识拓展则是引导学生在已有知识基础上进一步探索和学习。帮助学生解决困难体现了教师对学生学习过程中遇到问题的关注和支持。最后，引导学生做好总结和反思则是为了帮助学生对自己的学习过程进行评价，发现不足，促进学习方法的改进。

2. 翻转课堂教学模式的内涵

翻转课堂，作为21世纪教育领域的一大创新，彻底改变了传统的教学模式和学习方式。这种模式以“Flipped Class Model”为英文原称，体现了其教学理念的核心——将课堂教学内容和学生自主学习的顺序“翻转”，以促进学生在课堂上的深度学习和互动交流。在传统教学模式中，教师在课堂上讲授新知识，学生的主要任务是听讲和记笔记，课后通过完成作业来巩固学习。在此种模式下，学生往往是被动的信息接收者，教师则是知识的主要传递者。然而，翻转课堂打破了这一传统模式，教师将课程讲解通过视频等形式提前录制好并提供给学生，学生在课下自主学习，课堂时间则被用来进行深入讨论、解决疑惑、合作学习和实践操作，从而更有效地促进学生对知识的理解和应用。翻转课堂的核心优势在于其能够调动学生的学习积极性和主动性，学生可以通过课前观看教学视频，根据自己的学习节奏和时间灵活安排学习，有助于学生在课堂上更加专注于互动讨论和问题解决。翻转课堂教学模式还赋予了学生更大的学习自主权，使他们能够根据自己的兴趣和需求选择学习的深度和广度，从而实现个性化学习。

（二）翻转课堂教学模式的特征

1. 翻转课堂教学模式下教师角色的转变

翻转课堂教学模式的推广实施改变了学生的学习方式，引发了教师角色的根本性转变。在翻转课堂模式下，教师从传统课堂中的知识传授者转变为学习的促进者和引导者，此变化深刻影响了教育教学的全过程。在传统课堂教学中，教师担任着课堂的主宰角色，通过直接讲授来传递知识，学生学习主要是被动接受。然而，在翻转课堂中，教师的角色发生了显著转变，他们扮演了学习的设计者、促进者和合作伙伴的角色。在此种教学模式下，学生的学习过程被置于更加主动、积极的位置，而教师则通过设计和提供丰富的学习资源，引导学生在课外自主学习知识，在课堂上则更多地关注学生的实践操作、问题解决以及深度讨论。教师在翻转课堂中的角色转变，意味着他们需要具备更多的技能和更高的素质。教师需要具备良好的信息技术能力，能够熟练利用各种数字工具和平台来创建和分享教学视频及其他学习资源。教师需要具备强大的课程设计能力，能够根据学生的学习需求和课程目标设计出符合翻转课堂要求的教学活动。教师还需要具备强大的沟通和引导能力，能够在课堂上有效地引导学生讨论，鼓励学生参与和合作，帮助学生解决学习中遇到的问题。

2. 翻转课堂教学模式下学生角色的转变

翻转课堂教学模式下学生角色的转变，标志着教育模式更加向以学生为中心的方向发展。翻转课堂教学模式极大地激发了学生的学习主动性和自主性，使学习过程变得更加灵活和个性化。在翻转课堂中，学生需要在课前通过观看教师提供的视频或阅读相关资料来自主学习新知识。翻转课堂模式要求学生对自己的学习负责，自行安排学习时间和进度，这提升了学生的学习效率，培养了他们的自我管理能力。学生可以根据自己的理解程度和兴趣点，选择重点观看或多次回顾某些部分，从而实现学习的个性化和差异化。课堂上的时间被用来进行深入的交流和讨论，教师与学生之间的互动更加频繁，学生有更多机会表达自己的观点和疑惑，参与到课堂讨论中。这种互动不仅加深了学生对知识的理解，也培养了他们的批判性思维和沟通能力。同时，学生之间的合作学习成了课堂的常态，学习较快的学生帮助学习较慢的学生，促进了知识的共享，增强了学生之间的团队协作能力。学生在翻转课堂中的角色转变还意味着他们从知识的消费者转变为知识的生产者。

3. 高校课堂教学时间的重新分配

翻转课堂教学模式的推广实施，标志着传统教学模式更加向以学生为中心的方向发展。核心之一便是对课堂时间的重新分配，改变了课堂的教学内容安排，提升了教学的效率。在翻转课堂模式中，教师讲授新知识的时间被大幅缩短，更多的课堂时间被用于促进学生之间的互动交流和协作学习，以及将学习内容与现实情境相结合的活动。通过将课前学习新知识的任务交给学生自主完成，翻转课堂模式延长了课堂上教与学的有效时间。学生在课堂上能够将更多的时间和精力用于探索、讨论和实践，通过互动交流和合作学习，学牛不仅能够加深对知识的理解，还能够提升交互协作能力。翻转课堂教学模式也为教师提供了更多机会，使其更加准确地了解每位学生的学习情况和需求，为学生提供个性化的指导和反馈。在翻转课堂模式下，充分利用课堂时间对提高教学效率具有重要意义。教师不再是课堂上唯一的知识传递者，而是变成学习活动的组织者和引导者。此教学模式鼓励学生在课堂上主动参与学习过程，通过解决实际问题、参与讨论和完成项目等形式，将所学知识与现实生活相结合，提高了学习的实践性和应用性。同时，学生在课堂上的主动参与有利于培养他们的批判性思维和创新能力。翻转课堂模式通过预习新知识、延长课堂上教与学的时间，不仅使学习变得更加高效，而且使学习过程变得更加深入和全面。

4. 翻转课堂教学模式增强了教学互动

翻转课堂教学模式通过提前让学生接触课程内容，极大地促进了课堂内的互动交流。在课堂上，学生不再是被动接受知识的听众，而是变成能够主动提出问题、参与讨论的学习者。翻转课堂教学模式增强了学生与教师、同学之间的互动，还激发了学生的主动学习意识，使他们更加积极地参与学习过程。

（三）高校翻转课堂教学模式的基本流程

教师的角色转变为学习资源的创建者和组织者，他们需要根据教学内容精心制作教学视频，并设计相关的练习题，随后将这些学习资源上传至网络学习平台。这一步骤的目的是为学生提供灵活、丰富的学习资料，使学生能够在课前独立完成知识学习。接着，学生在网络教学平台上进行自主学习，通过观看教学视频来了解和掌握新的知识点。完成视频学习后，学生进一步通过练习题来巩固新学的知识，此过程加深了学生对知识的理解，提高了学生的学习主动性和自学能力。课堂时间被用来进行深入的互动和实践操作，学生可以在课堂上提出自己在学习过程中遇到的问题，教师则针对这些问题进行答疑解惑。通过师生互相交流和课堂上的操作练习，学生能够在实践中进一步巩固和深化知识理解，这也促进了师生之间的互动和学生之间的合作学习。最后，教师根据学生在课堂上的表现和练习情况进行反馈评价，这一步骤对于学生了解自己的学习情况、及时调整学习策略具有重要意义。教师的反馈评价是对学生学习成果的认可，也是对学生未来学习方向的指导。

（四）高校翻转课堂教学模式体现的现代教育理念

1. 重视学生主体性的学生观

在当代教育中，重视学生主体性成为教学理念的核心。这一观点强调学生是学习过程的主人，具备自主学习的能力和潜力。因此，教育的根本目的不只是知识的传授，更重要的是激发学生的学习积极性，引导他们发挥主观能动性，通过自我教育实现自我价值。教师在此过程中应创造条件让学生积极参与学习过程，需要设计开放性的学习活动，鼓励学生提出问题、进行探索和交流，以及在实践中学习和成长。重视学生主体性的学生观要求教育者转变传统的教学观念，通过灵活多样的教学方法和策略，真正做到以学生为中心，使学生在学习过程中体验到学习的乐趣，认识到学习的价值，进而激发他们内在的学习动力和创造力。只有当学生在教育过程中感受到自我成长和自我价值时，教育才能达到其真正的意义。

2. 学生自主学习、合作学习与探究学习的学习观

现代教育理念强调学生的主观能动性和自主性，认为学生应成为学习的主体，能够通过自我驱动进行学习和发展。此学习观突出了自主学习、合作学习与探究学习的重要性，鼓励学生在掌握知识的同时，发展解决问题和批判性思考的能力。翻转课堂教学模式是现代学习观念的一种体现，使学生能够在课前通过观看教学视频自主学习新知识，培养了学生自主寻找和处理信息的能力，也使学生能够根据自己的学习节奏和风格进行学习，从而提高学习的主动性和个性化。课堂上的时间多用于教师与学生之间的互动交流、学生之间的合作学习，以及基于问题的探究活动。这种模式强调学生的参与和实践，促进了学生之间的合作与沟通，增强了学生应用所学知识解决实际问题的能力。

3. 因材施教、分层教学的教学观

因材施教、分层教学的教学观强调在教学过程中充分考虑学生的个体差异，通过提供差异化的教学策略和学习资源，促进每一位学生的个性化发展和潜能挖掘。此种教学观念的实施，特别是在翻转课堂教学模式中，为实现个性化教学提供了有效的途径。在翻转课堂的准备阶段，教师需要深入了解学生的学习基础、兴趣爱好、学习风格等个体差异，然后根据具体差异制作相应的教学视频和课件，确保教学内容符合学生的实际需求，进而激发学生的学习兴趣，提高学习效率。通过提供差异化的学习资源，教师能够让学生在课前根据自己的实际情况选择合适的学习材料，以最适合自己的方式进行自主学习。在课堂上，教师通过组织多样化的教学活动，如合作交流、小组讨论、角色扮演等，进一步适应不同学生的学习需求和发展水平。通过分层次、多样化的教学活动，每位学生都能在适合自己的层次上得到支持并迎接挑战，实现个性化发展。同时，此教学模式为教师提供了观察和了解学生个体差异的机会，有助于教师更精准地进行因材施教。因材施教和分层教学的实施，有助于学生根据自己的实际情况选择最适合自己的学习路径，还能够促使学生在学习过程中积极探索、主动发现问题并寻找解决方案，从而实现自我教育和自我发展。

二、信息化时代下高校翻转课堂教学模式的构建

（一）翻转课堂教学模式的基本工具

翻转课堂教学模式主要涉及网络平台、教学资源以及学习终端等工具。

1. 翻转课堂教学模式的网络平台

翻转课堂教学模式的网络平台在现代教育中不仅方便了教师与学生、学生与学生之间的沟通交流，还提供了丰富的教学资源和功能。网

络平台支持自主学习、练习检测以及互动交流等多种功能，丰富了翻转课堂的教学内容和形式。通过网络平台，学生可以在任何时间、任何地点访问课程内容，进行自主学习，同时能及时获取反馈和帮助，有效提升了学习效率和教学质量。

2. 翻转课堂教学模式的教学资源

翻转课堂作为一种创新的教学模式，其核心在于通过优化教学资源的使用，促进学生的自主学习、互动交流以及知识的深化理解。教学资源为翻转课堂的组织实施提供了内容基础，也为学生提供了丰富的学习材料和多元化的学习路径。翻转课堂教学模式的教学资源的主要组成部分包括微课、学习任务单和进阶练习，每个部分都有其独特的功能和目的，这些共同构成了翻转课堂教学模式的基础框架。微课作为翻转课堂教学模式的基础教学资源，特点是短小精悍，为学生提供了灵活便捷的学习方式。教师通过精心设计的微课视频，能够将复杂的知识点浓缩为易于学生理解和掌握的核心概念，同时能通过视频展示具体的操作方法或案例分析，帮助学生更好地理解和应用知识。微课的设置节约了学生的学习时间，提高了学习的效率和兴趣。学习任务单作为翻转课堂教学模式中指导学生自主学习的重要工具，其设计旨在引导学生根据自己的实际情况，有计划、有步骤地进行学习。学习任务单明确了学习的目标和内容，提供了相关的学习资源链接，帮助学生在自主学习的过程中有效地组织和安排学习活动。通过完成学习任务单上的各项任务，学生能够对知识有一个全面而深入的把握，同时锻炼了他们的自主学习能力和问题解决能力。进阶练习作为检测学生学习效果的重要环节，通过类似游戏通关的形式，激发学生的学习动力和参与热情。进阶练习能够帮助学生巩固和深化已学知识，并且通过不同层次的题目，逐步提升学生的认知水平和应用能力。通过练习进行自我检测，学生在完成每个单元的学习后都能够得到即时的反馈，确保了学习的连贯性和系统性。

3. 翻转课堂教学模式的学习终端

翻转课堂作为一种创新的教学模式，依托现代信息技术的发展，实现了课堂教学和学习方式的根本变革。在这一模式中，学习终端设备成了连接教师和学生、实现教与学互动的重要媒介。随着科学技术的进步，学习终端的功能也在不断增强，丰富了翻转课堂教学模式的实施手段和教学资源。电子书包作为一种新型的学习终端，不仅仅是信息化教育的工具，更是学生学习和生活的信息助手。它通过为教师、学生、家长提供不同的账号，实现了班级管理、家校沟通以及学习资源的共享。教师可以利用电子书包发布作业、进行考勤管理；家长可以通过家校沟通功能了解学生的学习情况；学生则能享受到丰富的数字化教育资源和网络辅导。如此一来便极大地提高了家庭和学校配合的效率。平板电脑以其便携性、触屏输入的特点，成了翻转课堂教学模式中学生常用的学习终端之一。学生可以在任何时间、任何地点通过平板电脑访问教学视频和学习资源，进行自主学习。同时，平板电脑的多样化输入方式，如手写识别、语音输入，为学生提供了更为灵活和多样的学习体验。云计算机教室以其高效的管理成本优势，为翻转课堂教学模式提供了强有力的技术支持。云计算机教室通过网络连接服务器，将计算资源集中管理，使得教室建设和维护成本大大降低，同时为学生提供了更快速、更稳定的学习环境。移动式网络教室的出现，更是将翻转课堂教学模式的灵活性推向了新的高度。可以随需移动的网络教室，使得任何传统教室都能迅速转变为适合翻转课堂教学模式的学习空间，扩展了翻转课堂教学模式的实施范围，并扩大了其影响。

（二）翻转课堂教学模式的基本步骤

1. 翻转课堂教学模式前期准备阶段

（1）教师方面。实施翻转课堂教学模式的关键步骤包括教学目标的分析、教学视频的制作和编辑，有关活动共同构成了翻转课堂的基础框架。分析教学目标是翻转课堂教学模式准备过程中的首要步骤，教师需明确教学的预期效果，此步骤直接影响了整个教学活动的成功与否。教师通过对教学目标的深入分析，能够识别哪些知识点适合通过视频进行教授，哪些内容需要在课堂上通过师生互动来实现。明确的目标设定，确保了教学活动的有序进行，同时提高了教学的效率。制作教学视频是翻转课堂实施过程中的核心环节，教师可以选择自制教学视频或利用网络资源，但最重要的是要确保视频内容能够准确、有效地传达教学目标所涉及的知识点。在视频制作过程中，教师需要考虑到学生的学习习惯和认知特点，选择合适的呈现方式和讲解速度，以促进学生的理解和吸收。同时，教师需要在视频中融入问题或活动，借此激发学生思考和探究，为课堂上的深入讨论和互动奠定基础。视频编辑能够有效确保教学视频的质量，通过对视频内容的精细编辑，教师可以纠正可能存在的错误，优化视频结构，使之更加清晰易懂。

（2）学生方面。在翻转课堂教学模式下，学生的活动方式与接受传统课堂教育时有着显著的不同。此教学模式强调学生的主动学习和参与，将学习的主动权交给学生，促进了学生学习自主性和主体性的发展。学生活动主要包括观看教学视频和完成适量练习两个活动环节，两个活动环节构成了翻转课堂教学模式学习的基础。观看教学视频是翻转课堂教学模式中学生活动的核心，学生可以通过教学视频，在课前自主学习，此学习方式为学生提供了灵活且个性的学习空间。学习能力较强的学生可以通过视频快速掌握知识点，而学习能力较弱的学生则可以通过多次回放视频，按照自己的学习节奏进行学习，确保每位学生都能跟上教学进度。学生还可以在观看视频的过程中随时暂停，对不懂的知识点进行深入思考和研究，甚至可以将疑问记录下来，在课堂上向教师或同学提问，大大提高了学习的针对性和有效性。在观看教学视频并理解了知识点之后，通过练习，学生可以加深对知识的理解和记忆。教师在设计练习题时应确保题目与视频内容紧密相关，既能够检验学生对视频内容的掌握情况，也能够通过练习进一步巩固知识点。

2. 翻转课堂教学模式课中教学活动的设计阶段

（1）明确问题，交流解惑。在翻转课堂教学模式的实施过程中，明确问题和促进师生间的交流解疑成了教学活动的重要组成部分。与传统教学模式相比，翻转课堂教学模式更加强调学生的主体性和教师与学生之间的互动交流，旨在通过交流促进学生的深度学习和个性化发展。在翻转课堂教学模式中，学生通过在课前观看教学视频来自主学习，能够根据自己的学习节奏来吸收知识，激发思考，并提出疑问。正是疑问和不同的见解，为课堂上的交流解疑提供了丰富的素材和契机。学生在观看视频时遇到的问题，可以成为课堂讨论的起点，引发更广泛的思考和探讨。为了实现有效的交流解惑，教师需要营造一个开放、平等的课堂环境，鼓励学生表达自己的想法和疑惑，同时应鼓励学生之间相互讨论和帮助。在此环境中，教师的角色转变为引导者和协助者，他们不仅要倾听学生的观点，还要根据学生的反馈调整教学策略，引导学生进行深入的思考和探索。在交流解疑的过程中，教师还需要具备良好的问题指导能力，能够根据学生的反馈提出有引导性的问题，进一步引导学生思考和深入探讨。如此，学生能够解决自己的疑惑，并且通过与他人的交流促进自己的认知发展，形成更为完善和深刻的知识结构。明确问题和交流解惑的过程促进了学生对知识的深入理解，培养了学生的批判性思维和解决问题的能力，使得学习不再是单向的知识传递，而是变成了一个多维度的认知建构过程。

（2）独立探索，完成作业。翻转课堂教学模式的核心在于重新定义课堂教学的角色和教学资源的利用方式，其中，学生独立探索和完成作业成了学习过程中的重要环节。该模式打破了传统教学中教师全面主导、学生被动接受的局面，转而强调学生的主动学习和独立思考能力的培养。在翻转课堂教学模式中，学生通过在课前观看教学视频和访问其他教学资源来自主学习新知识，课堂时间则被用来进行深入讨论、协作学习或完成实践性较强的作业任务。此学习方式鼓励学生独立探索，使学生在完成作业的过程中能够主动发现问题、分析问题并解决问题。学生在独立探索的过程中，能够加深对知识的理解和应用，培养批判性思维和解决问题的能力。当学生面对作业或科学实验时，他们需要运用已经学习的知识和技能来独立解决问题，此过程检验了学生对知识的掌握程度，激发了学生的探索精神和创新能力。教师的角色转变为引导者和协助者，他们在学生遇到困难时提供必要的指导和支持，但更多的是鼓励学生自主寻找解决方案，从而使学生实现知识的深化和能力的提升。翻转课堂教学模式还能够提供更加个性化的学习环境，以适应不同学生的学习需求和节奏。

（3）合作沟通，深入内化。在翻转课堂教学模式下，合作交流成了教学活动的重要组成部分，通过合作交流，学生的学习由被动接受转变为主动探索，实现了从“要我学”到“我要学”的转变，不但激发了学生的学习动力，而且促进了学生成为学习的主体。翻转课堂教学模式通过提前观看教学视频的方式，让学生在课堂之外完成对基础知识的学习，课堂时间则多用于师生之间、学生之间的合作交流。在这一过程中，教师通过设计合作学习的活动，引导学生在小组讨论、项目合作中共同解决问题，促进学生之间的互帮互助。合作交流可以使学生在小组讨论中分享自己对知识的理解和见解，听取他人的意见，从而获得不同的视角和更深层次的理解。这一过程加深了学生对知识的理解，促进了学生批判性思维和创新能力的发展。同时，合作学习有助于培养学生的沟通能力和团队合作精神，这些均为学生未来社会生活和职业发展所必需的重要技能与精神。在翻转课堂教学模式的教学活动中，合作交流可以有效实现知识的深度内化，结合师生之间、生生之间的不断合作与交流，学生能够在实际操作和讨论中深化对知识的理解和应用，真正实现知识的内化。

（4）展示成果，交流分享。在翻转课堂教学模式中，展示成果和交流分享环节不仅是学生学习成果的呈现，更是学习过程的延伸和深化。通过将个人或小组的作业成果展现出来，学生可以获得反馈，增进理解，同时，此过程能够培养学生的创造力和公共演讲能力。成果展示不仅局限于传统的课堂报告会、辩论赛或小型比赛等形式，更可以利用现代信息技术手段，上传到网络交流区，拓宽展示的渠道，使学习成果能够得到更广泛的分享和讨论。互动性强的展示形式能够让更多的师生参与到学习成果的交流中来，从而形成一个积极的学习社群，促进知识的共享和传播。在成果展示和分享交流的过程中，教师需要组织和指导学生如何有效地进行成果展示，对学生的作品进行专业点评，不应仅仅注重评价学生的学习成果，更应关注学习过程中的努力和创新，鼓励学生不断尝试和改进。教师的反馈应当既具建设性，也要充满鼓励，帮助学生在认识到自身不足的同时，也能看到自己的进步和潜力。翻转课堂教学模式下的展示成果和交流分享环节，还能够促进学生之间的相互学习和借鉴。学生通过观看同学的展示，能够从中学习到不同的观点和方法，还能够通过比较和反思，提高自己的批判性思维能力和解决问题的能力。基于同伴学习的模式，翻转课堂教学模式有效地增强了学生的学习动机并提高了参与度，促进了学生综合素质的提升。

三、实施翻转课堂教学模式中应注意的要素

（一）改变学生的习惯

翻转课堂作为一种新兴的教学模式，对于习惯了传统课堂讲授方式的国内学生和家长来说是一个挑战。翻转课堂教学模式要求学生在课前通过观看教学视频等方式自主学习，而将课堂时间用于讨论、探索和深化理解，对学生的学习习惯和态度提出了新的要求。促进翻转课堂教

学模式在国内的顺利实施，教师需要改变传统的教学方法，构建支持学生学习的体系，通过各种策略和活动激发学生的学习兴趣，引导学生逐步适应并接受这种自主、合作的学习方式。同时，教师需要高效地组织学习活动，确保学生在课堂上充分利用学习资源，进行有效的交流和讨论。对于学生和家长的疑虑和抵触心理，教师和学校应采取积极措施进行沟通和解释，并展示翻转课堂教学模式的优势和可能带来的积极变化。

（二）教师应对课外自主学习阶段加以控制

翻转课堂作为一种创新的教育模式，它的成功实施不仅依赖高质量的教学视频和资源，还需要教师对学生课外自主学习阶段进行有效地控制和引导。而控制和引导是为了确保学生能够在课堂之前充分利用教学视频，为课堂上的深入学习做好准备。教师需要通过设计有吸引力的教学视频，提高学生观看教学视频的兴趣。视频内容应当紧贴课程大纲，采用生动有趣的呈现方式，以提升学生的学习兴趣。同时，视频长度不宜过长，避免学生因注意力分散而影响学习效果。教师可以通过设置观看视频后的小测试或者讨论问题，鼓励学生积极参与，以此来检测和加深学生对视频内容的理解。教师应该利用现代信息技术手段，如在线学习平台，监控学生的学习进度和学习行为，跟踪学生是否按时观看了视频，收集学生在观看过程中的问题和反馈意见，从而及时进行个性化的指导和帮助。通过设置讨论区和论坛，教师可以鼓励学生就教学视频中的内容进行交流和讨论，以此来促进学生的深入学习。

（三）增强学生自学能力与协作能力

在信息化时代背景下，学生自学能力和协作能力的培养成了教育领域的一个重要课题。翻转课堂作为一种新兴的教学模式，为培养学生自学能力和协作能力提供了良好的平台和机会。翻转课堂教学模式通过将课前学习和课堂深度讨论结合起来，要求学生在课前通过观看教学视频、阅读资料等方式自主学习，然后在课堂上与同学和教师深入交流和协作，此模式的成功实施，直接依赖学生强大的自学能力和协作能力。为了适应快速变化的社会，学生必须具备独立获取新知识和处理信息的能力。在翻转课堂教学模式中，学生需要在课前独立完成知识的学习，这一过程测试了学生对知识的理解和吸收能力，锻炼了他们自主寻找资源、解决问题的能力。为了帮助学生提高自学能力，教师可以提供学习指导，设立学习目标，设计有挑战性但可达成的学习任务，同时通过技术手段提供实时反馈，以增强学生的学习动力和效率。在翻转课堂教学模式下，学生除了要独立学习，还要在课堂上与他人进行有效的交流和合作。通过小组讨论、项目合作等形式，学生可以学会倾听他人观点、表达自己的想法、共同解决问题。教师可以通过设定基于团队的学习项目，鼓励学生在完成任务过程中相互协助、分享资源，从而提高团队合作能力。为了克服学生对传统教学方式的依赖，教师需要采取多种策略来培养学生的自学意识和协作精神，包括但不限于以下几种：创建积极的学习社区，鼓励学生之间的互助学习；利用技术工具促进学生之间的交流合作；定期举办研讨会和工作坊活动，提供实践的机会，让学生在实际操作中学习和成长。

（四）教师应提高课堂把控能力

翻转课堂教学模式对教师提出了新的挑战和要求，特别是在课堂管理和学生学情分析方面。教师应具备更强的课堂把控能力，以便有效地组织和引导学生进行深入学习和探讨。提高课堂把控能力需要教师深入了解学生的学习情况，包括他们的学习风格、兴趣点，以及在学习过程中遇到的困难。通过准确地分析学生学情，教师可以设计出更符合学生需求的学习活动，从而提高学生的参与度和学习效果。

参考文献

[1] 宋光辉，张鸿军，陈冬花 . 现代教育技术与应用 [M]. 南京：南京大学出版社，2020.

[2] 游新娥，谢完成 . 新一代信息技术基础 [M]. 北京：电子工业出版社，2020.

[3] 林世员，郑勤华 . 教育信息化与慕课发展战略研究 [M]. 北京：北京师范大学出版社，2020.

[4] 潘新民 . 数字化时代学生学习方式转型研究：基于电子书包的实践分析 [M]. 重庆：重庆大学出版社，2019.

[5] 邹菊梅 . 慕课学习者持续参与行为研究 [M]. 杭州：浙江大学出版社，2019.

[6] 刘海涛 . 移动互联时代的课程与教师 [M]. 广州：世界图书出版广东有限公司，2019.

[7] 王菊平，周优钢，赵诗勇 . 教师信息化教学知识及能力体系研究 [M]. 银川：阳光出版社，2019.

[8] 汪应，陈光海，韩晋川 . 高校教师信息化教学能力构成研究 [M]. 重庆：重庆大学出版社，2018.

[9] 陈光海，汪应，杨雪平 . 信息化教学理论、方法与途径 [M]. 重庆：重庆大学出版社，2018.

[10] 韩永礼 .“互联网 +”背景下的教育教学发展研究 [M]. 银川：宁夏人民教育出版社，2021.

[11] 赵帅 . 面向知识建构的在线协作学习环境研究 [D]. 乌鲁木齐：新疆师范大学，2023.
[12] 李欣雅 . 基于在线学习行为的个性化学习路径规划研究 [D]. 南京：南京邮电大学，2023.
[13] 王丽 . 高校智慧校园环境下学习支持服务研究：基于 N 校的调查 [D]. 南京：南京邮电大学，2023.
[14] 孙诗云 . 在线教育中的学习资源推荐技术研究 [D]. 南京：南京邮电大学，2023.
[15] 季凯 . 数智化时代人工智能驱动高等教育变革研究 [D]. 南京：南京邮电大学，2023.
[16] 吴佳丽 . 虚拟实验环境下大学生学习适应性影响因素研究 [D]. 南京：南京邮电大学，2023.
[17] 段亚兰 . 智慧课堂环境下师生交互行为的实证研究 [D]. 汉中：陕西理工大学，2023.
[18] 蔡梦娇 . 网络学习环境下大学生自主学习能力影响因素研究 [D]. 广州：广东技术师范大学，2023.
[19] 陈良语 . 信息化推进高等教育公平的对策研究 [D]. 西安：西安理工大学，2022.
[20] 白雪 . 云课堂环境下大学生自主学习能力影响因素研究 [D]. 武汉：华中师范大学，2021.
[21] 张怡，何晓越 . 教育信息化视域下教师专业发展的可视化分析 [J]. 科技风，2024（4）：153-155.
[22] 于珊，王贵，陈怡欣 . 教育数字化战略行动下高校运维体系设计研究 [J]. 科技风，2024（4）：168-170.
[23] 李长保，金鑫 . “互联网 +”背景下高校教育管理信息化的建设研究 [J]. 黑龙江教师发展学院学报，2024，43（2）：66-69.

[24] 陈宗涛，熊巍，袁静，等 . 高校教育教学改革与信息化建设融合研究 [J]. 高教学刊，2024，10（5）：116-119.

[25] 张一春，钟秋菊，任屹远 . 高校教学信息化创新发展的核心内容与实践进路：基于教育数字化转型的 TASH 视角 [J]. 电化教育研究，2024，45（2）：71-76，83.

[26] 陶思奇，叶子，张春艳 . 数智技术赋能高校教育教学变革研究 [J]. 科技与创新，2024（1）：48-51.

[27] 宋萑，裴淼，刘丽莎 . 互联网 + 教师教育学科建设 [J]. 当代教师教育，2023，16（4）：25-29.

[28] 孙丽敏，刘艳 . 线下与线上融合教育模式：教学理念的改革与创新 [J]. 黑龙江教师发展学院学报，2023，42（12）：46-49.

[29] 张渺 . 数智时代来了，高校如何应对 [N]. 中国青年报，2023-11-27（5）.

[30] 郭诗梦 . 西安：构建智慧教育新生态 [N]. 陕西日报，2023-04-03（4）.

[31] 徐向梅 . 构建开放共享的全球数字教育生态 [N]. 经济日报，2023-03-07（13）.

[32] 石瑞芳 . 互联网时代我国高校教育管理信息化的构建路径 [N]. 中国电影报，2022-07-06（11）.

[33] 张杰 . 信息技术推动教育学理论创新 [N]. 中国社会科学报，2022-06-13（2）.

[34] 薛礼伟，梁金墙 . 积极发挥平台优势 助力数智转型发展 [N]. 朔州日报，2024-02-05（2）.

[35] 林丽萍 . 信息化赋能，让教育更“智慧”[N]. 安徽日报，2023-12-25（12）.